AUTOSUGGESTIVE KRANKHEITSBEKÄMPFUNG

ALLGEMEINVERSTÄNDLICHE
DARSTELLUNG DER SUGGESTION ALS WAFFE IM LEBENSKAMPF

VON FRITZ LAMBERT

SECHZEHNTE AUFLAGE

Schwabe Verlag

Bibliografische Information der Deutschen Nationalbibliothek
Die Deutsche Nationalbibliothek verzeichnet diese Publikation in der Deutschen Nationalbibliografie;
detaillierte bibliografische Daten sind im Internet über http://dnb.dnb.de abrufbar.

Dieses Werk ist urheberrechtlich geschützt. Das Werk einschließlich seiner Teile darf ohne schriftliche
Genehmigung des Verlages in keiner Form reproduziert oder elektronisch verarbeitet, vervielfältigt,
zugänglich gemacht oder verbreitet werden.

1. Auflage 1932
16. Auflage 2021
(photomechanischer Nachdruck der 14. Auflage)

© 2021, Schwabe Verlag, Schwabe Verlagsgruppe AG, Basel, Schweiz
Druck: CPI books GmbH, Leck
Printed in Germany
ISBN Printausgabe 978-3-7965-0629-1
ISBN eBook (PDF) 978-3-7965-4450-7
DOI 10.24894/978-3-7965-4450-7
Das eBook ist seitenidentisch mit der gedruckten Ausgabe.
Zudem sind Inhaltsverzeichnis und Überschriften verlinkt.

rights@schwabe.ch
www.schwabe.ch

INHALTSVERZEICHNIS

Vorwort		6
1.	Philosophie vom Geiste	7
2.	Die Macht der Gedanken	9
3.	Verstand und Intuition	14
4.	Der Glaube	17
5.	Aberglaube	25
6.	Das Geheimnis der Suggestion	28
7.	Die drei Gesetze	35
8.	Pendelexperimente	48
9.	Die Anwendung der Coué-Methode	50
10.	Gefühlsbetonung	57
11.	Schlafsuggestion	61
12.	Kindererziehung	70
13.	Flüstertechnik	73
14.	Ausdauer	78
15.	Fehlerquellen	83
16.	Anwendungsmöglichkeiten	89
17.	Bedingte Suggestionen	92
18.	Humor	96
19.	Allerlei Wichtiges	102
20.	Der Wert geistiger Entspannung	108
21.	Der Dämon in uns	113
22.	Der Arzt	118
23.	Möglichkeiten des Geistes	120
24.	Emile Coué	136
25.	Zusammenfassung	143
26.	Anhang: Der Als-Ob-Kniff in der Coué-Methode	147
Quellennachweis		153

VORWORT

« Wer kann leugnen, daß es Wunder und Wunderheilungen gibt? – Aber was sind sie anderes, als Wirkungen des festen Glaubens an himmlische Kräfte oder auch an irdische und folglich Wirkungen des Geistes?

Jedermann kennt die Kraft der Imagination. Niemand zweifelt daran, daß es eingebildete Krankheiten gibt und daß eine Menge Menschen an nichts anderem krank ist als an der Krankheitseinbildung. Ist es nun aber nicht ebensogut möglich und unendlich besser, sich einzubilden, gesund zu sein? »

Diese Worte wurden vor mehr als hundert Jahren von dem großen deutschen Arzte C. W. Hufeland geschrieben, und zwar in der Vorrede zu der «Macht des Gemütes» von Immanuel Kant.

Ich kann mir keine bessere Einleitung zu meinem Buche denken, als die aus tiefer Erkenntnis geschöpften Worte Hufelands, der seiner Zeit um hundert Jahre vorauseilte. Denn hundert Jahre bedurfte es, ehe ein zweiter Denker, nämlich Emile Coué, dieser Wahrheit lebendigstes Leben verlieh.

Coué selbst ist tot, seine Idee jedoch unvergänglich. Wieweit sie selbst in unser wissenschaftliches Denken eingedrungen ist, zeigen die vielen Aussprüche namhafter Ärzte, die in diesem Buche enthalten sind.

So möge es hinausgehen, begleitet von meinem herzlichen Wunsche, Segen zu stiften; möge es alle diejenigen erreichen, die sich in irgendwelcher Lebensnot befinden.

FRITZ LAMBERT

1. PHILOSOPHIE VOM GEISTE

Um die bewußte Autosuggestion, d. h. die bewußte Selbstbeeinflussung, verstehen und mit Sicherheit anwenden zu können, ist es erforderlich zu erkennen, daß unser Wesen geistiger Art ist. Diese Erkenntnis ist von unendlicher Bedeutung. Wir müssen erkennen, daß wir nicht nur Gebilde von Fleisch, Knochen, Nerven, Gehirn, Haut usw., sondern daß wir in Wirklichkeit formgewordener Geist sind.

In allem Lebendigen, ob Pflanze, Tier oder Mensch, befindet sich eine gestaltende Kraft. Legen wir verschiedene Samenkörnchen in einen Blumenkasten, so bilden sich aus demselben schwarzen Erdreich ganz verschiedene Pflanzen. Die gestaltende Kraft steckt also nicht im Erdreich, sondern im Samenkorn. Diese Kraft gestaltet die Materie. Plato spricht von «Ideen, die sich verwirklichen». Goethe spricht von der «geprägten Form, die lebend sich entwickelt». Und der große Chirurg Carl Ludwig Schleich sagt: «*daß alles rings im Weltall aus Idee geschaffen, aus Geist geboren ist.*»

Das ist bei uns Menschen nicht anders. Auch wir sind formgewordener Geist. Man kann auch sagen: der Körper ist das Kleid der Seele.

Den Grundsatz, daß der Geist den Stoff beherrscht, müssen wir uns völlig zu eigen machen. Denn wir wollen lernen, geistige Herrschaft über unseren Körper auszuüben, und weiterhin: unser Schicksal zu meistern. Der Geist soll Herr über den Körper sein, nicht der Körper Herr über den Geist. Alle großen Denker bestätigen, daß es der Geist ist, der die Materie beherrscht und gestaltet. Am kürzesten drückt sich der Philosoph Graf Keyserling aus, wenn er sagt: «*Vorstellung schafft Wirklichkeit.*»

Einen Vergleich haben wir im menschlichen Schaffen. Alles, was der Mensch tut und schafft, muß vorher in seiner Gedankenwelt vorhanden sein. Ein Stuhl z. B. muß erst in der Phantasie des Tischlers entstehen; dann wird er gezeichnet; die Zeichnung kommt in die

Werkstatt; in dieser wird der Stuhl hergestellt. Die Vorstellung des Stuhles hat sich damit verkörpert. Ebenso muß das Haus erst in der Vorstellung des Baumeisters entstehen. Dann wird der Bauplan ausgearbeitet. Und dann erst kann gebaut werden. Dabei muß der Baumeister die Gesetze der Schwerkraft und der Tragfestigkeit genau berücksichtigen. Sonst würde – was schon dagewesen ist – das Haus einstürzen. Auch wir müssen bei der Anwendung der bewußten Selbstbeeinflussung gewisse Gesetze beachten, die wir später noch kennenlernen. Für jetzt möchte ich nur, daß meine Leser erkennen: *was Wirklichkeit werden soll, muß vorher im Geiste vorhanden sein.*

Es ist ganz ausgeschlossen, daß irgendein Gegenstand geschaffen wird, ohne daß er zuvor gedacht worden ist. Ebenso verhält es sich mit unseren Handlungen. Unmöglich kann ein Diebstahl begangen werden, wenn nicht zuvor der Gedanke des Diebstahls den betreffenden Menschen erfüllt hat. Ebensowenig kann eine gute Tat geschehen, wenn nicht zuvor ein Mensch mit dem Gedanken an diese gute Tat erfüllt gewesen ist.

Der Geist ist das Seiende, das Wirkliche, während die Materie lediglich eine Erscheinungsform des Geistes darstellt. Schon Plato erkannte, daß die schöpferische Idee der Welt ihrer Erscheinung vorangegangen ist.

Da man den Begriff «Geist» nicht erklären kann, will ich umschreiben, was ich darunter verstehe: Geist ist die Macht, die alles, was da ist, geschaffen hat, das ganze Weltall, unsere Erde, bis auf das letzte Atom herab. Von jenem schöpferischen Allgeist ist jeder von uns ein kleines Teilchen. Unser aller Ursprung liegt im Geist; unser Körper ist nur Erscheinungsform des Geistes. *Wenn wir daher im Körperlichen, im Stofflichen etwas ändern wollen, so müssen wir uns an das Geistige in uns wenden.* Hierfür benötigen wir den Gedanken, da der Gedanke der Mittler zwischen Geist und Materie ist.

2. DIE MACHT DER GEDANKEN

Der Gedanke spielt in unserem Leben eine außerordentlich wichtige Rolle. So beeinflussen unsere Gedanken z. B. unser organisches Wohlbefinden in durchgreifender Weise. Jeder Mensch weiß, daß Kummer, Sorge, Ärger, Haß, Neid seine körperliche Leistungsfähigkeit auf das schlimmste beeinträchtigen können. Wir wissen auch, daß eine freudige Nachricht unsere gesamten Lebensfunktionen, unsere Tatkraft erheblich steigert. Wir fühlen uns leistungsfähig und kräftig. Wenn uns eine traurige Botschaft überrascht – wir sagen mit Recht: eine «niederschmetternde» Nachricht –, so machen wir die Beobachtung, daß wir uns körperlich gebrochen fühlen und unsere Leistungsfähigkeit wesentlich gesunken ist. Der Volksmund hat viele bezeichnende Aussprüche geprägt. Da heißt es z. B. «vor Neid gelb werden». Heute wissen wir, daß der Neidgedanke tatsächlich Leber und Galle außer Ordnung bringen und die Gelbsucht erzeugen kann. Es heißt auch sehr treffend «an gebrochenem Herzen sterben». Kummergedanken können das Herz auf das schwerste gefährden und schädigen. Oder man sagt auch «vor Schreck starr werden». Der Schreckgedanke kann uns tatsächlich hindern, einen Schritt weiter zu tun; wir sind wirklich starr vor Schreck geworden. Wir erleben also organische Veränderungen lediglich durch Gedanken.

Jeder Leser kann jetzt gleich ein kleines Experiment vornehmen, indem er sich vorstellt, daß er in eine grüne, unreife, saure Zitrone recht herzhaft hineinbeiße. Wer ein wenig Phantasie besitzt, dem wird bei dieser Vorstellung Speichel im Munde zusammenlaufen. Wir sehen auch hier, daß lediglich durch den Gedanken des Hineinbeißens erhöhter Speichelfluß hervorgerufen wird. Obgleich keine Zitrone vorhanden ist, ist eine *bemerkbare organische Auswirkung* eingetreten.

So sagt man auch, wenn einem hungrigerweise ein anderer von einem sehr schmackhaften Festessen eine deutliche Schilderung gibt: «Hör auf, mir läuft schon das Wasser im Munde zusammen.» Dieses Festessen hat vielleicht schon vor vierzehn Tagen stattgefunden; es existiert nur noch in der Erinnerung des Erzählers. Durch seinen plastischen Bericht aber erweckt er im Zuhörer eine Vorstellung. Und diese erzeugt jene erhöhte Tätigkeit der Mundspeicheldrüsen.

Es ist erstaunlich, daß bei der großen Bedeutung, die der Gedanke in unserem Leben hat, so wenig auf ihn geachtet wird. Wir denken darauflos, als ob unsere Gedanken völlig wesenlos seien. Ja, es gibt sogar einen Ausspruch, welcher lautet: «Gedanken sind zollfrei». Es wäre schlimm, wenn wir alles so verzollen müßten wie unsere Gedanken; Gedanken sind Kräfte und bestimmen unser Schicksal. Es ist betrübend, feststellen zu müssen, daß mindestens 80 Prozent aller Gedanken der Mühe des Denkens nicht wert sind; höchstens 20 Prozent lohnen diese Mühe. Es ist auffallend, daß wir Menschen unsere Türen und Fenster sorgfältig verschließen, damit Einbrecher unser Hab und Gut nicht gefährden. Hingegen laden wir förmlich alle schlimmen Gedanken zu uns zu Gaste, und diese schlimmen Gedanken sind bestimmt gefährlicher als irgendein Einbrecher.

Dr. med. Sanders erzählt folgende hübsche Beobachtung von sich: «Ich hatte das Schwimmen so weit erlernt, daß ich mich eines Tages selbständig daranmachte, allein im großen Schwimmbassin herumzuschwimmen. Im Innern war ich fest davon überzeugt, es zu können. Der Versuch gelang gut. Etwa dreimal hatte ich schon sicher das Bassin durchschwommen, als mir plötzlich der Gedanke kam: was geschähe, wenn du plötzlich nicht mehr weiter könntest? Im selben Moment fühlte ich auch schon, wie ich zu sinken anfing... Und erst ein Mitschüler befreite mich aus meiner unangenehmen Lage.»

Herbert v. Hoyer führt zum Thema Gedankenmacht folgendes aus: «Die Verwirklichung unsrer Gedanken ist ein geheimnisvolles Geschehen. Das, was davon für unsern Verstand erfaßbar ist, ist gewiß nicht leicht zu verstehen. Deshalb ist es ja für viele schon unmöglich, uns überhaupt zu glauben, wenn wir ihnen zurufen: Übt Gedankenzucht; dann wird es euch in jeder Hinsicht schon bedeutend besser gehen!

Trotz dieser Schwierigkeiten versuchen wir es doch immer aufs neue, der Sache irgendwie beizukommen. Für alle, die die Kraft der Gedanken in den Dienst irgendeines Zieles stellen wollen, ist es ja so wichtig, die Gesetze dieses Geschehens zu kennen; denn nur, was man kennt, kann man beherrschen.

Lehrreich ist für uns eine kurze Erinnerung, wie es uns mit der elektrischen Kraft erging. Sie war natürlich auch einst schon vorhanden, als ihr der Mensch noch nicht im geringsten auf die Spur gekommen war. Elektrizität ist ja nichts «Erfundenes», wie z. B. das Pulver, sondern eine «entdeckte» Naturkraft. Als solche hat sie in der Natur ihren ursprünglichen und eigentlichen Sinn. Dort entsteht sie und vergeht sie wieder und dient dabei ihrer natürlichen Bestimmung. Aber für das Kulturschaffen des Menschen bedeutete sie einstmals noch nichts;

nur als zuweilen feindliche Zerstörerin fürchtete er sie, nämlich, wenn sich gewaltige Ballungen dieser Kraft im Blitz entluden. – In Zwergengestalt geriet sie dann einmal dem Menschen in die Hände: Wenn man ein Stück Bernstein mit einem Tuche rieb, zog es ganz leichte Gegenstände (wie z. B. winzige Papierschnitzel) an sich. Lange Zeit blieb es dann bei der Kenntnis dieser unscheinbaren, gleichsam spielerischen Erscheinung, bis man schließlich mehrerer ähnlicher Vorgänge gewahr wurde. Da begann die regelrechte Erforschung der geheimnisvollen Kraft. Wir lernten ihre Eigenschaften und ihre Gesetze kennen; wir lernten sie erzeugen und bauten für sie passende Werkzeuge. Nun war sie in unserer Gewalt. Vom Menschen beherrscht, ermöglichte sie ihm gewaltige Fortschritte und wertvolle Verbesserungen seines äußeren Daseins. So geben wir einer Naturkraft einen neuen Wirkungsbereich; heute arbeitet sie mit uns in jeder Werkstatt, in jeder Schreibstube, fast in jedem Heim und ist zu einer unentbehrlichen Gehilfin menschlicher Kultur geworden. Ihr Nutzen überwiegt bei weitem ihren zeitweiligen Schaden.

Mit der Kraft der Gedanken verhält es sich ganz ähnlich, jedoch stehen wir hierbei noch am Anfang der Erforschung.

Es soll hier gezeigt werden, daß auch der Gedanke eine Naturkraft ist, deren Erforschung und Beherrschung uns ungeahnte Möglichkeiten erschließen wird.

Wie die elektrische Kraft, so wirkt auch die Kraft der Gedanken ohne unser Zutun und Wissen in ihrem natürlichen Bereiche. Auch sie wurde nicht erfunden, sondern kann nur mehr und mehr entdeckt werden. Ihre natürliche Werkstatt ist das Bewußtsein der Lebewesen (der Tiere ebenso wie des Menschen).»

Es gibt keinen Menschen, der nicht denkt. Wie angeschmiedete Ketten, – so schleppt er seine Gedankenreihen mit sich herum, oft genug quälender Art. Selten, leider gar zu selten, macht sich jemand Gedanken – *über* seine Gedanken. Dennoch ist es geradezu lebenswichtig, sich über ihre Wirkung klar zu sein. Wir denken aber in der Regel «gedankenlos».

Gedanken sind jedoch Kräfte und müssen sich unbedingt auswirken; denn Gedanken lösen Gefühle aus, und die Gefühle sind es, die die Wirkung hervorbringen. Diese Auswirkung geschieht mit der Unaufhaltsamkeit und Unerbittlichkeit eines Naturgesetzes. Man staunt im Frühling, wie das frische Grün unaufhaltsam aus den dürren Ästen und dem kahlen Boden hervorbricht. Obgleich unsere Augen den Vorgang des Wachsens nicht wahrnehmen können, da er zu langsam vor sich geht, kleidet sich die Natur in frisches Grün. Ebensowenig sehen oder fühlen wir die Radiowellen, obwohl sie ungebeten und ungefragt auch unseren Körper durcheilen. Nicht einmal starke Mauern vermögen diese Wellen aufzuhalten.

So gibt es unendlich viel, was der Mensch nicht mit seinen Händen greifen – begreifen kann. Was aber trotzdem für ihn von lebenswichtiger Bedeutung ist, wesentlicher als Pflanzenwuchs und Radiowellen, ist die Erkenntnis: «Unsere Gedanken sind aufbauende oder zerstörende Kräfte.» Leider wissen wenige von der Macht ihrer eigenen Gedanken. Durch diese Unkenntnis ist aber das zügel- und gedankenlose Denken entstanden.

Keinem Menschen würde es einfallen, sich eine Kiste von einem halben Zentner auf den Fuß fallen zu lassen. Warum tut er dies aber nicht? Weil er genau die schmerzlichen Wirkungen kennt, die dieser Handlung unbedingt auf dem Fuße folgen müssen. Nehmen wir einmal zur besseren Verständigung an, daß der Schmerz erst in einem Vierteljahr eintreten würde, dann würden wir doch bestimmt nicht mehr an die Kiste denken und diese für den jetzigen Schmerz verantwortlich machen. So ähnlich aber steht es mit unseren Gedanken. Der ewig Erfolglose kommt für gewöhnlich nicht darauf, daß seine Gedanken für seine Erfolglosigkeit verantwortlich zu machen sind. Er meint, daß der Erfolgreiche ein vom Glück begünstigter Mensch sei. Welch ein Irrtum! In dieser Welt von Ursache und Wirkung hat der «glückliche Zufall» keinen Platz. Ein Geschehen, dessen Voraussetzungen wir nicht kennen, pflegen wir kurzerhand als Zufall zu bezeichnen. In Wirklichkeit «*fällt* es uns *zu*»; unsere Gedankenkräfte sind es oft, die einen solchen «Zu-fall» hervorgerufen haben. Ein Mensch, der ständig an Unglück, Armut, Erfolglosigkeit und Krankheit denkt, kann doch unmöglich ein glücklicher, erfolgreicher und gesunder Mensch sein. Ursache und Wirkung! Ein Pechvogel ist erfüllt von dem Gedanken: «Alles, was ich anfasse, geht schief.» Solange er so denkt, muß ihm alles schief gehen. *Ursache und Wirkung!* Der Mann des Erfolges – denkt Erfolg, sonst wäre er eben nicht der Mann des Erfolges. Unser Unglück ist es eben, daß die Auswirkung unserer Gedanken so unmerklich vor sich geht, wie z. B. das Wachsen im Frühling draußen in der Natur. *Unmerklich, aber unaufhaltsam.* Die Hauptwurzel alles Geschehens im menschlichen Leben kann man in einem einfachen Satze ausdrücken, nämlich: «Jeder gefühlsbetonte Gedanke, welcher uns erfüllt, muß sich verwirklichen, sofern es menschenmöglich ist.»

Wenn man aber feststellen muß, mit welchem Vergnügen und mit welch rührender Ausdauer die Menschheit über Krankheit, Elend, Niedergang und Unglück *spricht,* so muß man leider erkennen, daß außerordentlich viel Elend in dieser Welt selbstverschuldet ist.

Unser Unglück ist es, daß die Gedanken sich nicht genau so schnell und deutlich feststellbar auswirken wie jene auf unsern Fuß fallende Halbzentnerkiste. Wenn es an dem wäre, ginge es uns glänzend. Wir würden uns sehr hüten, unvernünftigen Gedanken Zutritt zu gewähren. Wer hätte dann wohl Lust, über Krankheit, Armut, Elend und Unglück *nachzudenken oder gar zu sprechen?*

Ebenso sicher, wie sich die auf unseren Fuß fallende schwere Kiste schmerzlich auswirkt, ebenso sicher wirken sich unsere schlimmen Gedanken, ganz gleich welcher Art, schmerzlich auf uns aus. Es ist das gleiche wie mit Samenkörnern: Wer Distelsamen sät, der darf kein wogendes Kornfeld erwarten. Aus dem Kern der Sonnenrose kann nie und nimmer eine gewaltige Eiche entstehen. Ebensowenig dürfen wir von schlimmen Gedanken und Gefühlen, wie Haß, Kummer, Neid, Furcht, Krankheit, Schwäche usw., edle und gute Früchte erwarten; es wäre ebenso unsinnig, als wenn wir aus Unkrautsamen Brotgetreide ziehen wollten. *Also wollen wir lieber vernünftig denken lernen.*

3. VERSTAND UND INTUITION

Wenn wir durch Anwendung der bewußten Selbstbeeinflussung Vorteile erlangen wollen, so sollen wir uns dabei nicht allein vom Verstande beraten lassen. Wir würden sehr wertvolle Erkenntniskräfte in uns vernachlässigen. Viele Menschen neigen zu einer Überschätzung des Verstandes. Darum ist es notwendig, sich über den Verstand einmal klarzuwerden. Gewiß stellt die Wissenschaft die höchste Blüte des menschlichen Verstandes dar. Aber Shakespeare sagt mit Recht: «Es gibt mehr Dinge zwischen Himmel und Erde, als unsere Schulweisheit sich träumen läßt.» Von unserem Dasein kann der Verstand nur einen ganz kleinen Teil ergründen. Und wenn jemand alle Wissenschaften durchstudierte – am Ende würde er wie der alte Sokrates erkennen: «Ich weiß, daß ich nichts weiß.»

So gibt es genug Menschen, die das, was sie mittels ihres Verstandes nicht ergreifen und begreifen können, einfach ablehnen, als nicht vorhanden betrachten. Dieses Verfahren ist sehr summarisch und sehr bequem, wird aber der Wirklichkeit nicht gerecht.

Der Verstand ist der beste Diener, den der Mensch besitzt. Ein Diener darf aber niemals zur Herrschaft kommen. Eine rein verstandesmäßige Einstellung kann den Menschen nicht zum Glück führen, weil dann seine besten Kräfte brachliegen. Es ist unser eigener großer Schaden, wenn wir über dem Verstand den Geist vergessen oder übersehen. So sehr der Verstand zu schätzen ist, so gewiß ist es, daß in uns Möglichkeiten liegen, welche diejenigen des Verstandes weit überragen. Diese Möglichkeiten liegen in dem, was wir Menschen mit Intuition, Inspiration, Ahnung, Gewissen, Eingebung oder ähnlich bezeichnen. Selbst der schärfste Verstand ist nicht in der Lage, das, was wir unter Intuition verstehen, zu begreifen, zu ergründen oder gar zu ersetzen. Diese innere Stimme, dieses eigenartige innere Wissen, das uns Menschen zu eigen ist, und zwar ein inneres Wissen, welches wir verstandlich nicht begründen können, besitzt jeder Mensch in mehr oder weniger großem Ausmaße, je nachdem er diese Fähigkeit beachtet und gepflegt oder vernachlässigt hat.

Man könnte den Menschen mit einer Radiostation vergleichen. Wir senden und empfangen fortwährend. Wir empfangen zweifellos Gedanken unserer Mitmenschen, aber ebenso sicher ist es, daß wir Botschaften empfangen, Ahnungen haben, die nicht von unseren Mitmenschen stammen können, die beispielsweise Warnungen enthalten vor Dingen und Geschehnissen, die nur wir selbst kennen, die wir niemandem mitgeteilt haben. So empfangen wir auch innerlich Depeschen, die uns warnen, das auszuführen, was wir eben zu tun beabsichtigten. Wird diese Warnung nicht beachtet, so bleiben die Nackenschläge bestimmt nicht aus.

Wer ist nun der Sender dieser geheimnisvollen Botschaften?

Jeder Mensch, der einigermaßen Selbstbeobachter ist, wird verstehen, was ich meine. Jeder ist in Lebenslagen gewesen, nach denen er sich Vorwürfe machte, seiner inneren Stimme nicht gefolgt zu sein.

Alle führenden Köpfe der Welt, große Politiker, Feldherren, Künstler, Wirtschaftsführer usw., sind intuitive Köpfe. Unbeschadet dessen können sie sehr wohl ausgezeichnete Logiker sein. Sie werden jedoch niemals der Logik die Führung überlassen.

Man denke auch an Ausdrücke des Volksmundes wie: «Der hat eine feine Nase», oder «Der hört das Gras wachsen». Je mehr wir diese innere Stimme, die hiermit gemeint ist, entwickeln und je mehr wir ihr Folge leisten, um so besser wird es uns gehen. Leider folgen wir für gewöhnlich unserem Verstande weit mehr als dieser inneren Führung. *Diese für uns so überaus wichtige innere Führung wird dadurch entwickelt, daß man glaubt, voller Vertrauen glaubt, von innen zum Guten geführt zu werden.* Diese innere Führung ist ein Hauptpol im Menschen, der andere jedoch ist der Glaube. Die innere Führung weist uns den rechten Weg – der Glaube setzt das als richtig erkannte in Wirklichkeit um.

Der Verstand spielt diesen beiden Polen gegenüber eine dienende Rolle. So sagt der große Chirurg Dr. med. Schleich sehr richtig: «*Alle Kulturen versinken durch Überschätzung des Verstandes.*» Und ein altes indisches Sprichwort drückt diese Wahrheit so aus: «Der Verstand ist der Drache, der vor den Toren des Paradieses liegt.»

Häufig wird der Verstand zum Werkzeuge eines krassen Egoismus; er zeigt uns, auf welchem Wege – oder auch Schleichwege – wir zu einem Vorteil gelangen können. Da aber meldet sich die innere Stimme des Gewissens. Es ist töricht, sie zu überhören. Nie wird uns ein Vorteil zum Segen, wenn das Gewissen uns zugerufen hat: du tust Unrecht!

Nichts anderes als die innere Stimme meint auch Goethe, wenn er im Faust sagt: «Der gute Mensch in seinem dunklen Drange ist sich des rechten Weges wohl bewußt.» Und Lavater schreibt:

«Horch auf die leise Stimme
des in dir sprechenden Gottes!
Laß sie dein Führer stets sein,
dann gehst du nie in die Irre!»

Wenn wir also durch Anwendung der bewußten Selbstbeeinflussung zu einem glücklichen Leben gelangen wollen, so müssen wir unsere innere Stimme pflegen. Diese allein ist imstande, die guten von den schlechten Gedanken zu unterscheiden. Sobald wir nun aber wissen, welche Gedanken für uns erstrebenswert sind, kommt es darauf an, sie mit Kraft zu laden, anders ausgedrückt, sie zu wirksamen Gedanken zu machen. Denn nicht jeder Gedanke verwirklicht sich. Wir müssen unterscheiden zwischen wirksamen und unwirksamen Gedanken. Wirksam ist der Gedanke nur, wenn er vom Glauben an seine Verwirklichung getragen wird.

4. DER GLAUBE

Wie der Leser weiß, sind wir von dem großen schöpferischen Allgeist ein kleines Teilchen. Deshalb muß auch in uns eine schöpferische Kraft vorhanden sein. *Diese Kraft ist der Glaube.*

Um Irrtümer zu vermeiden, möchte ich darauf hinweisen, daß ich das Wort «Glaube» nicht etwa im Sinne des kirchlichen Dogmas verstanden haben will. Als religiöser Mensch habe ich selbstverständlich Achtung vor jeder religiösen Anschauung und möchte in *dieser Hinsicht* niemand beeinflussen. Die Pflege dieser konfessionellen Dinge betrachte ich nicht als meine Obliegenheit, sondern als Angelegenheit der betreffenden Kirche.

Ich meine in diesem Buche *den alltäglichen Glauben.* Da jeder Gedanke, der mich erfüllt, gleichbedeutend ist mit dem, was ich glaube, so kann es in diesem Sinne keinen Menschen geben, welcher nicht glaubt.

So glaubt der eine an Aufstieg; er ist überzeugt, daß er gute Geschäfte machen wird, – der andere an Niedergang; er glaubt, daß ihm alles fehlschlägt. Es gibt Menschen, die an ihre Genesung glauben, während andere den Glauben an ihr Krankbleiben eisern festhalten. Auch muß man feststellen, daß es Menschen mit zähem, ausdauerndem Glauben gibt, im Gegensatz zu jenen, die heute dies und morgen das glauben. Man denke nur an diejenigen, die von Arzt zu Arzt laufen, eben wegen ihrer wankelmütigen Glaubensart. Mancher glaubt alles, ausgenommen die Wahrheit.

Das Wort «glauben» wird überhaupt in der deutschen Sprache zur Bezeichnung sehr verschiedenartiger Begriffe verwandt. Man sagt beispielsweise: «Ich glaube, das Wetter schlägt um», oder «Ich glaube, dort oben auf dem Berge ist es sehr windig» usw., statt zu sagen: «Ich vermute, das Wetter schlägt um» usw. Auch so manche verstandesmäßige Überzeugung wird als Glaube bezeichnet. Man muß sogar feststellen, daß das Wort «Glaube» in Mißkredit geraten ist, ja, man schaut häufig mit einem gewissen mitleidigen Lächeln auf den Glauben herab.

Schöpferischer Glaube in dem hier gemeinten Sinn ist die absolute Erfüllung mit einem Gedanken, einer Idee oder einer Vorstellung, so daß dieser Gedanke, diese Idee oder Vorstellung den Menschen völlig beherrscht und durchdringt.

Schöpferischer Glaube ist Kraft an sich; der Gedanke gibt ihr die Zielrichtung.

Folgendes Beispiel möge zur Veranschaulichung dienen: Elektrizität ist Kraft an sich. Mittels des Gedankens, welcher unseren Willen auslöst, können wir mit dieser Kraft eine Lampe zum Glühen bringen oder einen Kochtopf zum Kochen. Unser Wille allein, diese elektrische Glühbirne zum Glühen zu bringen, genügt nicht; wir brauchen dazu unbedingt die ausführende Kraft der Elektrizität.

So ähnlich verhält es sich mit Willen und Glauben. Der Wille allein, ein bestimmtes Ziel zu erreichen, genügt nicht; nur wenn die ausführende Kraft des Glaubens hinzutritt, erreichen wir das Ziel. Also müssen wir denken lernen: «Ich will und ich kann.»

Die allermeisten Menschen haben keine Ahnung, daß die schöpferische Kraft des Glaubens ihr Schicksal bestimmt. Wir sehen doch, wie es in der Welt zugeht. Wir Menschen glauben gar zu gern und gar zu leicht das Schlimme, das Traurige, das Niederreißende; wir glauben an Krankheit, Elend, Not usw. Wer erkannt hat, daß unser Glaube die einzige schöpferische Kraft ist, über die wir verfügen, wird sich hüten, ihn derart zu mißbrauchen, denn wenn wir Schlimmes glauben, wirken wir gestaltend nach der schlimmen Seite. Das müssen wir abändern, sobald wir in jeder Hinsicht zum Erfolg gelangen wollen. Es gehört zwar Mut zum Glauben an das Gute, und nur die Erkenntnis, daß vor dem Geist kein Ding unmöglich ist, kann uns den nötigen Mut, das Selbstvertrauen verschaffen. Der schöpferische Glaube ist ebensowenig zu erklären, wie beispielsweise der Geist. Es liegt mir aber unendlich viel daran, daß meine Leser mich hier recht gut verstehen. Zum besseren Verständnis des Glaubens weise ich auf das Wort «Besessenheit» hin. Besessensein schließt den Begriff einer absoluten Erfüllung mit einem Gedanken oder einer Idee in sich, und diese absolute Erfüllung ist eben der Glaube. Beispielsweise kann man sagen, daß Graf Zeppelin von dem Gedanken besessen war, das lenkbare Luftschiff zu erfinden. Mancher Leser wird sich erinnern, wie man über den Grafen Zeppelin gespottet hat; man sprach von dem «verrückten Grafen am Bodensee». Zeppelin opferte sein ganzes Vermögen und ließ sich trotz dieses Verlustes und trotz des Spottes nicht entmutigen. Sein Glaube an das endgültige Gelingen muß von unerhörter Stärke gewesen sein, von solcher Stärke, daß er erlebte, wie seine Idee Wirklichkeit ward.

Wenn ein Schwerkranker beispielsweise besessen, d. h. erfüllt ist von dem Gedanken, daß ihm nicht zu helfen sei, dann ist er verloren. Aber umgekehrt habe ich oft und oft erleben dürfen, daß aufgegebene Menschen wieder gesundeten, weil sie glaubten, daß sie gesunden würden.

Oder nehmen wir einmal an, zwei Geschäftsinhaber machen unter ganz gleichen Umständen Bankrott. Der eine von den beiden nimmt sich das Leben, der andere jedoch hat sich im Laufe von fünf Jahren wieder hinaufgearbeitet. Worin liegt nun der Unterschied zwischen diesen beiden Geschäftsleuten? Zweifellos darin, daß der erste glaubt, d. h. von dem Gedanken erfüllt ist: «Das halte ich nicht aus, daran gehe ich zugrunde.» Der andere jedoch glaubt: «Ich bin stärker als das Schicksal, ich lasse mich nicht werfen», und so ist er nach fünf Jahren wieder oben.

Wir haben also eine schöpferische Kraft in unsere Hände gelegt bekommen; wir können Weiß denken oder Schwarz, Gutes glauben oder Schlimmes. Es ist auffallend genug, daß wir Menschen so leicht das Schlimme glauben und so schwer das Gute. Diese Tatsache muß uns zu denken geben. Offensichtlich ist ein fremder und feindlicher Einfluß bemüht, uns zu veranlassen, unseren Glauben, unsere schöpferische Kraft, auf das schlimmste zu mißbrauchen. Auf diesen feindlichen Einfluß komme ich später noch zu sprechen; ich möchte nur feststellen, daß dieser feindliche Einfluß machtlos ist, sobald wir ihm unseren Glauben entziehen.

Wir müssen vor allem unterscheiden lernen, daß Glaube und Verstand ganz grundverschiedene Dinge sind, also verstandliche Überzeugung noch lange kein Glaube sein muß; sie kann zwar mit echtem schöpferischem Glauben zusammenfallen, muß es aber nicht.

Es liegt auf der Hand, daß der schöpferische Geist weit mehr zu leisten imstande sein muß als sein Produkt Verstand. Wenn nun aus einem unglücklichen Menschen ein glücklicher wird, aus einem unzufriedenen ein zufriedener, aus einem erfolglosen ein erfolgreicher, aus einem kranken ein gesunder, so denken viele, es geschieht ein

Wunder. In solchen Fällen hat aber der betreffende Mensch lediglich seine schöpferische Kraft richtig und in gutem Sinne angewandt. Diese sogenannten Wunder sind nichts anderes als Auswirkungen des Geistes. Es heißt noch heute zu Recht: «Dein Glaube hat dir geholfen.»

Ich jedenfalls habe noch keinen Menschen gesund gemacht; ich kann lediglich den Weg weisen; leider kann ich aber niemanden zwingen, diesen Weg auch wirklich zu gehen, d. h. seinen Glauben richtig anzuwenden.

Eins ist sicher: je einfacher, je schlichter man dieses Problem anfaßt, um so schneller, um so gewaltiger werden die Erfolge eintreten. Die Kraft liegt in uns selbst.

Um dies zu erhärten, möchte ich einige Beispiele aus der Praxis namhafter Ärzte anführen.

So sagt der Nervenarzt Dr. von Gulat-Wellenburg, daß fortgeschrittene Lungentuberkulose durch die Macht des Glaubens nicht nur gebessert wurde, sondern daß «wider ärztliche Erwartung völlige Gesundung eintrat».

Dr. med. Brauchle, dessen Name in der wissenschaftlichen Welt einen guten Klang besitzt und der wohl auch dem Leser bestens bekannt sein dürfte, berichtet folgendes persönliche Erlebnis, das er in einem von Coué selbst geleiteten Zirkel hatte:

Einmal hatte ein alter, ergrauter, bucklig einhergehender Mann die Sitzung aufgesucht. Mit der einen Hand stützte er sich auf seinen Stock, mit der anderen ging er am Arme einer begleitenden Dame. Der Mann war schwerhörig; man mußte ihm unmittelbar ins Ohr schreien, um von ihm verstanden zu werden. Coué nahm ihn vor. Er forderte ihn auf, sich vom Sitze zu erheben. Es ging nur mit Mühe und Not. Nun fuhr der Meister über des Kranken schmerzhaften, schwerbeweglichen Rücken. «Es geht vorbei, es geht vorbei, es geht vorbei...» Nach kurzer Zeit stand der Patient auf, leicht und gelenkig. Nun kamen die Beine daran. Man bestrich, sagte: «Es geht vorbei», übte kurze Zeit. Da stand der Kranke vom Stuhle auf und lief ohne jede Stütze hinter dem mit jugendlicher Elastizität vorangehenden Coué her. Er konnte allein gehen, derselbe, der noch vor wenigen Minuten sich kaum mit zwei Stützen aufrechterhalten konnte. Zur Beeinflussung seiner Schwerhörigkeit ließ ihn Coué auf einen festen Punkt hinblicken und schrie ihm in die Ohren: «Hören Sie mich?» – «Ja, ich höre Sie.» In drei Schritt Entfernung: «Hören Sie mich noch?» – «Ja, ich höre noch.» In zehn Schritt Abstand: «Hören Sie mich jetzt noch besser?» – «Ja, ich höre sehr gut.» Darauf mit dem anderen Ohr dieselbe Sache. Der Mann faßte es gar nicht, was mit ihm vorging. Bevor er es recht begriff, konnte er auf einmal gehen und hören. Er wollte sich in überschwenglicher Freude bei Coué bedanken, der aber mit fröhlichem Lachen jeden Verdacht, als habe er geholfen, von sich abwehrte: «Bedanken Sie sich bei sich selbst; der Glaube an Ihre eigene Fähigkeit, zu gehen und zu hören, hat Ihnen geholfen.»

Vorstehendes kann ich nur bestätigen, und zwar auf Grund eigener persönlicher Beobachtungen in den in Nancy von Meister Coué selbst geleiteten Zirkeln. Ebenso gehen auch die Erfolge, die ich in meinen eigenen Lehrzirkeln beobachten darf, nicht etwa auf mir innewohnende besondere Fähigkeiten zurück, sondern allein auf die Steigerung der Glaubenskraft im Zirkelbesucher. Immer wieder bestätigt sich der bekannte Satz: «Dein Glaube hat dir geholfen».

Der bestbekannte Berliner Nervenarzt Prof. Dr. med. J. H. Schultz stellt fest: «Es ist eine allgemein bekannte Tatsache, daß von außerordentlich vielen Heilmitteln und ärztlichen Anwendungen das Wort gilt: ‹Das Mittel allein tuts freilich nicht, sondern der Glaube, so in und bei dem Mittel wohnet.› Die große Mehrzahl aller ‹Hausmittel› und aller sogenannten Anweisungen zu gesunder Lebensführung sind bei einiger Kritik Glaubensartikel».

Ich stelle mich in diesem Punkt völlig auf den Standpunkt meines Meisters Coué, welcher in seiner «Selbstbemeisterung» sagt:

«Die hier anwesenden Ärzte oder Kollegen vom Apothekerfach mögen in mir keinen Gegner sehen; ich bin vielmehr ihr bester Freund. Einerseits spreche ich den Wunsch aus, man möge in den Studienplan der medizinischen Fakultät doch auch die Theorie und Praxis der Suggestion mit aufnehmen zum Heile der Kranken wie der Ärzte selber. Andererseits möchte ich es als Grundsatz hinstellen, der Arzt möge jedem Kranken, der sich an ihn wendet, ein oder mehrere Medikamente verschreiben, auch wenn solche an sich nicht nötig wären. Wenn nämlich ein Kranker zum Doktor geht, erwartet er, die Medizin zu bekommen, die ihn heilen wird. Er weiß nicht, daß die heilende Wirkung in der Regel durch Hygiene und Diät erzielt wird; dergleichen erscheint ihm nebensächlich, er schwört nur auf Medizinen. – Meiner Ansicht nach wird der Kranke unzufrieden sein, wenn ihm der Arzt nur irgendeine Diät ohne Medizin verschreibt; der Patient meint, deswegen hätte er keinen Arzt aufzusuchen brauchen, wenn er nun nicht einmal etwas einzunehmen bekomme, und oft läuft er dann zu einem anderen Doktor. Darum halte ich es für angezeigt, daß der Arzt immer etwas verschreibt.»

Weiterhin möchte ich nun noch hervorheben, daß *Furcht unser gefährlichster* Feind ist, denn Furcht ist Glaube an das Schlimme, Glaube jedoch ist schöpferische, gestaltende Kraft, und so kommt es, daß das Gefürchtete so leicht eintritt. Die Furcht kann man als Glauben an das Negative bezeichnen. Fürchte ich etwas, so glaube ich doch, daß das Gefürchtete für mich in Erscheinung tritt. Da aber, wie gesagt, Glaube gestaltende, schöpferische Kraft ist, so ist es kein Wunder, daß man sich auf diese Weise so manches Schlimme und Unschöne zuzieht. Die Furcht, nicht schlafen zu können, verhindert den Schlaf. Die Furcht vor einem Migräneanfall erzeugt einen Anfall. Die Furcht, bei Glatteis auszurutschen, führt den Sturz herbei. Die Furcht, krank zu werden, führt leicht dazu. Nicht umsonst heißt es: «Der Übel größtes aber ist die Furcht.»

«Glaube macht unendlich stark, Furcht läßt ihre Sklaven schwach werden», sagt ein Dichter.

Zwei Beispiele von Dr. med. Schleich sollen zeigen, was Furcht anzurichten vermag. Er berichtet:

In seiner Sprechstunde wurde eine Dame durch das Summen des Ventilators in den fälschlichen Glauben versetzt, von einer Biene am Auge gestochen worden zu sein. Die Furcht vor den Folgen erzeugte innerhalb 15 Minuten eine hühnereigroße Geschwulst am unteren Augenlid. Dr. Schleich fügt hinzu: «Die Furcht, die Vorstellung, die Idee allein hatten das Gewebe des Lides plastisch und positiv verändert.»

Weiter erzählt er von einem Manne, der seinen Arm abgenommen haben wollte, weil er sich angeblich eine schwere Blutvergiftung zugezogen habe, an der er glaubte sterben zu müssen. Verschiedene Chirurgen lehnten die Operation ab, weil der Arm völlig gesund war, so auch Dr. Schleich. Der Mann rief aus: «Warum amputiert man nicht? Ich könnte gerettet werden.» Er war am anderen Tage eine Leiche. Dr. Langerhans hat den Toten genauestens obduziert und – keine Todesursache gefunden. Dr. Schleich hält es für einen Fall von Tod durch Autosuggestion.

Je mehr wir Menschen die Furcht in uns überwinden, um so mehr meistern wir das Leben.

Ich möchte noch auf den Begriff «Demut» zu sprechen kommen. Demut hat nichts mit Augenverdrehen und dergleichen zu tun. Unter Demut verstehe ich die willige Unterordnung des Verstandes unter den Geist. In Wirklichkeit stellen wir leider unseren Verstand immer wieder über den Geist. Dies muß sich an uns selbst bitter rächen. Bei aller Hochschätzung der Wissenschaft kann ich nicht umhin, vor der maßlosen Überschätzung des menschlichen Verstandes zu warnen. Schlimm für uns, wenn wir über dem Verstand unser geistiges Erbe vernachlässigen. Am Ende gelangt alle Wissenschaft an einen Punkt, an dem sie feststellen muß, daß wir im Grunde genommen nichts wissen.

Wir haben im Leben unseren Verstand bitter nötig; das schließt aber doch nicht aus, daß wir von unseren besten Kräften, vor allem von den geistigen, Gebrauch machen sollen. Der rein verstandlich eingestellte Mensch zieht sich selbst Grenzen, über die er nie hinwegkommen kann, da er die Intuition außer acht läßt. Es gibt in der Tat Menschen, die außerordentlich viel gelernt haben, außerordentlich viel wissen; nur das Nächstliegende ist ihnen vollkommen fremd, das Nächstliegende und dabei das Höchste: die Erkenntnis des Geistes. Aber die Erkenntnis des Geistes gewinnt man nicht durch den Verstand, sondern nur durch Intuition. Es wäre ja auch ungerecht, wenn nur der verstandlich Begabte sich dem Geiste nähern könnte. Im Gegenteil, Verstand zeigt sich oft als Hindernis, d. h. aber nur so lange, wie wir *von ihm* besessen sind. Erst wenn *wir* den Verstand besitzen, d. h. beherrschen, wird er uns von großem Nutzen sein.

Es gibt wohl keinen Menschen, den nicht irgendwo der Schuh drückt. Wer mich hier gut versteht, bekommt eine Waffe in die Hand, mit der er sich erfolgreich verteidigen kann, ganz gleich, worum es sich handelt. Er erlebt, daß er dem Schicksal durchaus nicht machtlos gegenübersteht. Es heißt mit Recht: «Alle Dinge sind möglich dem, der da glaubt.» Denn der Glaube macht die Gedanken wirksam.

Wirksame gute Gedanken müssen notwendigerweise gute Früchte zeitigen, ebenso sicher müssen aber auch wirksame schlimme Gedanken schlimme Früchte bringen. Also müssen wir danach trachten, unsere Gedanken zu beherrschen, d. h. es liegt in unserem eigenen Interesse, möglichst viele gute Gedanken zu denken. *Der Zweck der bewußten Autosuggestion ist nun, als gut erkannte und daher gewollte Gedanken wirksam zu machen.*

Um diesen Zweck zu erreichen, müssen wir uns immer den Grundsatz vor Augen halten, daß der Geist den Stoff beherrscht. Dieser Grundsatz bildet das Fundament, den sicheren Untergrund zur erfolgreichen Anwendung der bewußten Autosuggestion. Ich bitte meine Leser, sich dies vollkommen klarzumachen. Sobald wir wirklich erkannt haben, daß unser Wesen geistiger Art ist, und uns diese Erkenntnis zum inneren Erleben geworden ist, haben wir auch das uns so bitter nötige Selbstvertrauen. Wir lassen uns dann nicht mehr von der Materie täuschen. Ohne diese Erkenntnis ist die Täuschung häufig und menschlich durchaus verständlich.

Wenn wir Menschen erleben müssen, daß wir schlecht sehen oder laufen oder hören oder essen können, oder wenn wir von Schmerzen schlimmster Art gequält werden, oder wenn wir dauernd wirtschaftlichen Mißerfolg haben, so sind wir leider geneigt, diese Tatsachen als unabänderlich hinzunehmen. Wir sind sehr leicht überzeugt, daß unser Körper die Macht hat, uns derartig zu quälen, oder daß wir dem Schicksal machtlos gegenüberstehen. Hierbei übersehen wir leider zu unserem eigenen Schaden den Geist. Er ist das erste, das Seiende, das Schaffende.

Wir dürfen niemals aus dem Auge verlieren, daß alles Stoffliche, Körperliche formgewordener Geist ist. Als Teilen des schöpferischen Allgeistes ist uns auch die Macht gegeben, mittels unserer Gedanken selbst gestaltend zu wirken und unser Schicksal wie unseren Körper zu beeinflussen.

Hierbei ist nochmals zu betonen, daß der Geist nicht mit dem Verstand verwechselt werden darf. Der Verstand ist nur das Produkt und eines der Mittel des Geistes. Mit dem Verstande können wir die Dinge nur bis zu einem gewissen Grade erfassen. Hingegen können wir uns dem Geist nur intuitiv nähern; ihn muß man erfühlen, man kann ihn niemals ergrübeln. «Wenn ihr's nicht fühlt, ihr werdet's nie erjagen», sagt Goethe.

Wir haben zweifellos in uns Möglichkeiten, die weit über die verstandlichen hinausreichen. Gerade jene aber erkennen wir meistens nicht. Je tiefer wir den Geist erkennen und je mehr wir uns ihm unterordnen, um so besser wird es uns gehen. Dies ist eine unumstößliche Wahrheit und der Urgrund aller Religion.

5. ABERGLAUBE

Der Aberglaube bietet uns ein sehr wertvolles Hilfsmittel, das Wesen des Glaubens zu erkennen. Wir sehen an ihm, daß es in der Tat nicht darauf ankommt, *wie* der Glaube in uns entsteht. Hauptsache ist, *daß* wir glauben. Wenn z. B. ein junger Mann, der auf den Händen Warzen hat, zu einem alten Weiblein geht, um sich von ihr die Warzen wegbringen zu lassen, so kann sich dieser Vorgang wie folgt abspielen: Das alte Weiblein sagt ihm, er solle bei Vollmond an einen Kreuzweg gehen und dort ein Stückchen Speck vergraben. Sodann solle er sich schleunigst auf den Heimweg machen und sich beileibe nicht umdrehen, denn sonst wäre die ganze Sache wirkungslos. Bei gewissenhafter Befolgung des Rates jedoch würden die Warzen bestimmt verschwinden. Unser junger Mann führt das alles genau durch. Er wartet den Vollmond ab, geht an den Kreuzweg, gräbt seinen Speck ein, begibt sich schleunigst auf den Heimweg und achtet sehr sorgfältig darauf, daß er sich ja nicht umdreht. Richtig, seine Warzen verschwinden.

Derartiges ist tatsächlich sehr häufig vorgekommen. Daß das Verschwinden der Warzen nichts mit dem Vollmond, nichts mit dem Kreuzweg, nichts mit dem Speck und nichts mit dem Umdrehen auf dem Heimweg zu tun hat, liegt klar auf der Hand. Lediglich der Glaube, daß die Warzen bei Einhaltung dieser Bedingungen verschwinden, ist es, welcher dieses Resultat zuwege bringt. Man sieht also, es ist an sich gleichgültig, wie der Glaube erzeugt wird. Wir treffen oft auf hochintelligente Menschen, die dennoch abergläubisch sind. So kannte ich einen Großkaufmann, der freitags kein Geschäft abschloß, selbst wenn es noch so verlockend war. Einen anderen Herrn kannte ich, der morgens beim Ausfahren sein Auto glatt wenden ließ, wenn ihm eine Katze über den Weg lief. Es ist doch sicher, daß Katzen harmlose Tiere sind und daß sie einem Autofahrer kein Unglück bringen. Und demjenigen, der den Aberglauben haben sollte, der Freitag sei sein Unglückstag, gebe ich den Rat, sich andersherum einzustellen, d. h. er soll glauben, daß der Freitag sein Glückstag ist. Wenn er das durchführt, wenn er diesen Glauben aufrechterhält, wird er sehr bald Gelegenheit finden, festzustellen, daß er freitags in der Tat Glück hat statt Pech.

Nochmals, *wie* der Glaube erzeugt wird, ist an sich gleichgültig. Hauptsache ist, *daß* der Mensch *glaubt*. So habe ich festgestellt, daß in den Menschen, und zwar in allen Kreisen, ebenso in allen Völkern ein Wunderglaube existiert. Den Skeptiker schließe ich hier nicht aus, auch er ist geneigt, einen solchen Wunderglauben in sich aufkommen zu lassen, nur ja nicht offiziell; das ist der ganze Unterschied.

Wenn irgendwo ein Wunderdoktor auftritt, so kann man beobachten, daß seine Besucher sich aus allen Kreisen zusammensetzen. Das Vorhandensein des Wunderglaubens an sich gibt sehr zu denken. Er könnte nicht so allgemein vorhanden sein, wenn nicht immer wieder verblüffende Erfolge dartun würden, daß er zu Recht besteht. Nur machen die meisten Menschen den großen Fehler zu denken, dieses Wunder müsse von dritter Seite kommen, beispielsweise von irgendeinem alten Schäfer oder einem alten Weiblein oder einem berühmten Wunderdoktor usf.

Der Wunderglaube besteht zu Recht, aber das Wunder kommt nicht von außen, es liegt in uns selbst. Es ist tatsächlich möglich, daß Krankheiten zur Heilung gelangen, wenn wir an die Heilung glauben. Unser eigener Glaube ist allein entscheidend. Wer sich selbst aufgibt, ist bestimmt verloren.

Man trifft auch hier und da auf Aberglauben, welcher ursprünglich gar kein Aberglaube war. So dürfte es manchem meiner Leser bekannt sein, daß es Menschen gibt, die sich niemals als dritte Person an einem Streichholz die Zigarette anzünden. Sie glauben, daß dann einer von den dreien sterben werde. Dieser Aberglaube ist nach mir gemachten Mitteilungen im Kriege entstanden. Wenn in der Dunkelheit die Soldaten ihre Zigaretten anbrannten, und sich drei ihre Zigaretten an einem einzigen Streichholz entzündeten, so passierte es naturgemäß leicht, daß einer von ihnen fiel. Das hatte seinen guten Grund darin, daß der Feind auf die erleuchtete Stelle aufmerksam wurde und sie unter Feuer nahm. Obgleich jetzt jede Berechtigung fortfällt, lebt die ursprüngliche Vorsichtsmaßnahme als Aberglaube weiter.

Es dürfte überhaupt nicht so ganz einfach sein, in jedem Falle festzustellen, ob es sich um einen Aberglauben handelt oder nicht. Einerseits gibt es abergläubische Ansichten, die eine ganz natürliche Erklärung haben; andererseits ist es möglich, daß ein sehr feinnerviger Mensch mit starker Intuition Dinge weiß, die dem Durchschnittsmenschen unzugänglich sind. Wenn er hierüber spricht, so kann es ihm natürlich sehr leicht passieren, als abergläubisch verschrien zu werden.

Das für uns Wertvolle ist die Erkenntnis, daß es lediglich auf den Glauben ankommt. Wie derselbe erzeugt worden ist, spielt gar keine Rolle.

Nun ist es bestimmt zu begrüßen, wenn wir den Aberglauben in uns überwinden lernen. Es ist ja, genau genommen, falsch, daß wir unser Leben von derartigem Glauben abhängig machen. Eine tiefe Erkenntnis unseres inneren Seins wird den Aberglauben ganz von selbst ausschalten. Wir werden einsehen, daß eine Katze, die unseren Weg kreuzt, ein harmloses Tier ist, daß der Freitag ein Tag ist so gut wie jeder andere auch usw. Sogar mit 13 Personen werden wir uns ungeniert zu Tisch setzen und nicht in Furcht sein, daß uns dies schlecht bekommen könne. Wenn wir begreifen, daß wir eins sind mit dem Geist, so brauchen wir wahrlich keinen Aberglauben.

6. DAS GEHEIMNIS DER SUGGESTION

Über Suggestion ist schon sehr viel geschrieben worden. Genau genommen, läßt sich der Begriff Suggestion schwer definieren. Wir treffen in der Wissenschaft auf die verschiedensten Versuche, das Wesen der Suggestion zu erklären.

Professor Baudouin sagt z. B.: «Suggestion ist die unterbewußte Verwirklichung einer Idee», setzt aber gleich hinzu, daß man leider nicht wisse, wieso sich diese Idee unterbewußt verwirkliche.

Wir können also mit dieser Definition für das praktische Leben nicht allzuviel anfangen. Es herrschen die widerstreitendsten Ansichten über das Wesen der Suggestion, und zwar nicht nur in der breiten Öffentlichkeit, sondern auch in der Wissenschaft. In Laienkreisen trifft man häufig auf haarsträubende Ansichten. Einerseits soll durch Suggestion so gut wie alles möglich sein, und andererseits heißt es wieder: «Das ist ja nur Suggestion!» Manche haben auch die Vorstellung von etwas Dämonischem, Geheimnisvollem, von einer geheimnisvollen Macht, der man sich nicht widersetzen kann. In früheren Jahren haben Hypnotiseure oft genug Schaustellungen gegeben und auf das große Publikum verderblich eingewirkt, insofern als sie bewußt die Vorstellung erweckten, daß von ihnen eine unheimliche Macht ausginge, der man sich nicht entziehen könne. Dazu kommt noch die Schundliteratur, die natürlich ihr bestes getan hat, um derartige irrige Auffassungen auf das lebhafteste zu unterstützen. Die Suggestion ist ein Problem, über das trotz vielen Schreibens und vieler Vorträge keine Klarheit herrscht.

Seit zirka 40 Jahren befasse ich mich mit der Suggestion und bin zu dem Schluß gekommen, daß wir den Wald vor Bäumen nicht sehen. Ich möchte vorausschicken, daß ich nicht den Ehrgeiz besitze, hier eine wissenschaftliche Definition zu geben. Es genügt mir vollkommen, wenn ich in diese Verwirrung eine Klärung bringen kann, die so geartet ist, daß sie jedermann Nutzen bringen muß. Meine Erklärung ist so gehalten, daß sie auch der einfachste Mensch versteht. Ich habe festgestellt, daß alle Suggestionserscheinungen, ganz gleichgültig, ob sie durch Wachsuggestion, Hypnose, Autosuggestion oder sonst eine Suggestionsart hervorgerufen wurden, nichts weiter darstellen, als Auswirkungen unseres eigenen Glaubens. Man kann auch sagen: *Alles, was uns seelisch beeinflußt, ist Suggestion.* So suggeriert lachender Sonnenschein heitere Laune; regnerisches, trübes Wetter trübe Laune. Eine Schale Obst suggeriert den Appetit danach; das Prasseln des Feuers eines eben angeheizten Ofens suggeriert Wärmegefühl, obgleich das Thermometer beweist, daß die Wärme noch nicht zugenommen hat. Das Achselzucken eines Arztes kann eine vernichtende Suggestion auslösen. Das fatale Lächeln kann den Ruf einer Dame zerstören.

Die Suggestion ist also durchaus nicht abhängig vom Wort oder von der Schrift allein. Ich betone: *Alles, was uns seelisch beeinflußt, ist Suggestion; denn in dem Augenblick, in dem wir einer seelischen Beeinflussung unterliegen, wird ein dementsprechender Glaube ausgelöst.*

Je mehr man dieses Problem untersucht, um so mehr kommt man zu der Überzeugung, daß der Glaube sowie die Suggestion in unserem Leben eine unerhört große Rolle spielen. Ja, sogar die vielgesuchte und gepriesene Wahrheit ist bis zu einem gewissen Grade davon abhängig. Mir scheint, daß wir Menschen an absoluter Wahrheit nur die Mathematik besitzen: zweimal zwei ist vier. Alles andere ist offenbar ständigem Wandel unterworfen. Gerade in der Wissenschaft erleben wir es immer wieder, daß eine neue Erkenntnis lediglich den Sockel zur nächsten bildet. So vieles, was wissenschaftlich als unumstößlich feststand, ist schon durch neues Erkennen gestürzt worden. Solange ich aber glaube, daß diese oder jene Erkenntnis absolut richtig ist, ist sie eben *für mich* die Wahrheit. Was ich für mich glaube, ist für mich wahr, und was der Leser glaubt, ist für ihn wahr. Wenn wir Menschen ein wenig Zeit darauf verwenden würden, um uns dies hin und wieder vor Augen zu halten, würden wir gewiß toleranter sein. Für gewöhnlich aber schwört jeder auf *seine* Wahrheit, d. h. auf *seinen* Glauben und duldet keine anderen Götter daneben.

Die größte Bedeutung in unserem Leben hat jedenfalls die *unbewußte* Autosuggestion oder unbewußte Selbstbeeinflussung. Solange wir leben, von der Wiege bis zur Bahre, sind wir dieser Kraft ausgeliefert.

Man beachte nur, wie unbewußt und ahnungslos sich der Mensch schlimmen Gedanken hingibt. Je mehr er dies tut, um so mehr schlimme Suggestionen wird er zu seinem Schaden in Gang setzen. Je mehr es uns gelingt, die unbewußt wirkende Autosuggestion in eine *bewußt* wirkende zu verwandeln, um so besser ist es um uns bestellt. *Bewußte Autosuggestion betreiben*, heißt: *sich dazu erziehen, an die Verwirklichung dessen zu glauben, was man erreichen will.*

Ein Leben ohne unbewußte Autosuggestion kann sich ebenso unmöglich abspielen, wie ein Auto ohne Räder fahren kann. Ich bin mir durchaus bewußt, daß ich durch meine Erklärung, Suggestion sei die Auswirkung unseres Glaubens, keine erschöpfende Definition gegeben habe. Erst dann, wenn wir wissen, was Glaube ist, wissen wir auch, was Suggestion ist. Jedoch habe ich die Suggestion durch diese meine Erklärung dem allgemeinen Verständnis soweit nähergebracht, daß jedermann daraus praktischen, greifbaren Nutzen ziehen kann.

Eigenartig berührt die Beobachtung, wie wenig die meisten Menschen vom Glauben wissen. Die meisten sind vollkommen ahnungslos, daß ihr eigener Glaube ihr Schicksal bestimmt. Es gibt wahrlich kein größeres Gebet, als um Glauben zu bitten. Auch die Grundsätze, die Coué aufstellt, sind nach meiner Auffassung Grundsätze des Glaubens. Es wäre sehr zu begrüßen, wenn berufene Köpfe sich mit diesem Problem noch recht intensiv beschäftigen würden.

Je mehr wir die schöpferische Kraft des Glaubens erkennen, um so besser werden wir sie in unserem Interesse benutzen können. Alles wirklich Große ist im Grunde einfach, und so ist es auch mit der Anwendung der Suggestion. Wer meinen Ausführungen bis jetzt gefolgt ist, der wird durch die Anwendung der bewußten Autosuggestion großen Nutzen haben, ganz gleich, welche Ziele er sich steckt. Er wird sie auf ihrem Gebiet genau so benutzen können, wie er z. B. die Elektrizität zum Leuchten, Kochen, Fahren benutzt, ohne zu wissen, was Elektrizität ist. Es ist ganz ausgeschlossen, daß wir Menschen Suggestionswirkungen aus unserem Leben ausschalten können. Jedes Gespräch, welches wir mit einem Mitmenschen führen, jedes Konzert, welches wir besuchen, jedes Theaterstück, welches wir ansehen, der Umgang im Geschäft und in der Familie, alles, was wir tun und lassen in unserem Leben, übt einen seelischen Einfluß auf uns aus, lenkt unseren Glauben in diese oder jene Richtung, d. h. eben, suggeriert uns dieses oder jenes. Solange wir uns dieser Kraft nicht bewußt werden, so lange sind wir ihr Spielball. Sobald wir aber ihr Dasein erkannt haben und sie weise zu lenken verstehen, werden wir uns viel Elend und Kummer ersparen. Glaube ich, daß ich der unglücklichste Mensch unter der Sonne bin, so werde ich es wirklich sein. Gelingt es mir, das Gegenteil zu glauben, so ist die gesetzmäßig notwendige Folge, daß ich mich glücklich und zufrieden fühle. Ob wir uns glücklich und zufrieden fühlen, hängt weit weniger von äußeren Umständen ab, als wir allgemein annehmen. Wir wissen doch aus Lebensbeobachtungen heraus, daß Menschen, die alle Ursache hätten, sich glücklich und zufrieden zu fühlen, es dennoch nicht sind. Umgekehrt kennen wir Menschen, die wir bewundern wegen ihrer Harmonie und Zufriedenheit, obgleich sie dazu äußerlich gar keine Veranlassung haben. Diese Erkenntnis ist allein schon wertvoll. Man sieht daraus, daß es weniger darauf ankommt, *was* der Mensch erlebt, als darauf, *wie* er es erlebt. Auf dieses «Wie» haben wir jedoch Einfluß durch die Erkenntnis, daß unser Glaube unsere einzige schöpferisch gestaltende Kraft ist und daß wir mit Hilfe des Glaubens unser Schicksal gestalten können, soweit es sich um Dinge handelt, die überhaupt menschenmöglich sind. Es ergibt sich hieraus, daß wir auf diesem Wege Dinge abändern können, die uns nicht passen. Voraussetzung ist natürlich ein gesundes, vernünftiges Denken. Der vernünftige Mensch wird Unmögliches gar nicht erst zu glauben versuchen. Andererseits müssen wir zugeben, daß unsere Vernunft nicht immer ausreicht, das Gute vom Schlechten zu unterscheiden. Folgende kleine Geschichte mag dies veranschaulichen:

Ein Vater geht mit seinem fünfjährigen Buben durch den Wald spazieren. Plötzlich entdeckt der Bub Tollkirschen; die sehen so verführerisch aus; er will sie unbedingt haben; jedoch der Vater gibt diesem Wunsche nicht nach. Er weiß doch, daß Tollkirschen giftig sind, und wird selbstversändlich seinem Kinde keine giftige Frucht geben. Der kleine Bub jedoch ist völlig anderer Ansicht; er begreift es von seinem Vater nicht, daß er ihm diese schönen Kirschen nicht gönnen will. Er bettelt in allen Tönen; jedoch der Vater bleibt hartherzig.

Ist es nun bei uns großen Kindern nicht ähnlich? Wir bitten auch um allerhand Dinge, von denen wir denken, daß sie für uns sehr wünschenswert seien; der Allgeist jedoch erkennt die Tollkirschen und gibt sie uns nicht. Er kann doch am allerbesten beurteilen, ob das Gewünschte für uns gut oder schlecht ist. Wir müssen also dem Allgeist unbedingt Vertrauen schenken, da er unser Bestes will, und wenn er uns etwas verwehrt, so hat er bestimmt seine Gründe hierfür. So wenig, wie der fünfjährige Bub die Gründe seines Vaters versteht, ebensowenig verstehen wir großen Kinder die Gründe des Allgeistes. Wer nach innen hört, wird bestimmt den rechten Weg geführt. Das Ziel, das unser Inneres gutheißt, sollen wir getrost mit zähem Glauben an dessen Erreichbarkeit verfolgen.

Die Grenzen des Erreichbaren können wir nicht abschätzen. Ich habe manches möglich werden sehen, was vom Verstand als unmöglich bezeichnet werden mußte. Ich glaube kaum, daß es irgend etwas in der Welt gibt, das uns so großen Nutzen bringen kann wie die Anwendung der bewußten Autosuggestion.

Es scheint, daß es erst späteren Generationen vorbehalten ist, Coué als Bahnbrecher für die Anwendung der bewußten Autosuggestion voll zu würdigen, doch kann ich mit Freude feststellen, daß sich seine Lehre immer mehr und mehr durchsetzt.

Es gibt viel Rätselhaftes im menschlichen Leben, aber das Rätselhafteste ist mir, daß wir Menschen unsere schöpferische Kraft des Glaubens stündlich mißbrauchen. Dieses Verhalten finden wir sogar natürlich, jedenfalls fällt es uns sehr leicht. Sind wir doch stets geneigt, ohne weiteres das Schlechte, das Traurige, das Schlimme zu glauben. Es bedarf direkt der Selbsterziehung, sich dahin zu bringen, das Gute zu glauben.

Wir alle wissen, daß es Menschen gibt, die sehr stark suggestiv, d. h. überzeugend wirken. Das sind Menschen, welche in hohem Maße die Eigenschaft besitzen, den Glauben ihrer Mitmenschen zu bestimmen. Dies gelingt ihnen jedoch nur dann, wenn sie selbst von einem starken Glauben erfüllt sind. Sie kommen gar nicht auf den Gedanken, daß andere ihnen den Glauben verweigern könnten. Jeder tüchtige Verkäufer, jeder tüchtige Verteidiger, jeder Mensch, der andere gut zu überzeugen weiß, ist ein guter Suggestor. Ob er das weiß oder nicht, ist völlig nebensächlich. Es handelt sich lediglich um den Glauben und dessen Auswirkung. Ein Mensch, der nicht an sich glaubt, kann unmöglich verlangen, daß andere an ihn glauben. Wir kennen doch Menschen, welche stundenlang sprechen, und dennoch glauben wir ihnen nicht. Ein anderer hingegen sagt lediglich: «Das ist so», und wir glauben es auch. Er ist eben völlig durchdrungen, entweder von dem Glauben, daß das, was er sagt, auch wirklich richtig ist, oder aber, wenn er eine unehrliche Natur ist, glaubt er felsenfest, sein Gegenüber wider besseres Wissen überzeugen zu können. Fremdsuggestion ist ja weiter nichts als die Übertragung eines Glaubens auf einen anderen Menschen.

Gelingt diese Übertragung, so gelingt auch die Suggestion und muß sich auswirken. Ich stelle fest, daß ein Mensch ohne Selbstvertrauen niemals ein guter Suggestor sein kann, oder es gelingt ihm nur in den Punkten, an die er selbst eisern glaubt. Wir sprechen von positiven und negativen Menschen. Der positive Mensch zweifelt nicht, und diese innere Zweifelsfreiheit prägt seinem ganzen Wesen, seinen Worten, seinen Gesten den Stempel auf. Je zweifelsfreier der Mensch ist, um so positiver wirkt er, d. h. einen um so stärkeren Glauben besitzt er. Nur so kann er seinen Glauben auf andere übertragen, d. h. andere suggestiv beeinflussen. Ich wiederhole: Alle Suggestionswirkungen, von der Hypnose bis zur Wachsuggestion, Autosuggestion oder Fremdsuggestion, sind lediglich Auswirkungen unseres eigenen Glaubens. Auch in der Hypnose ist dies der Fall, auch hierbei werden Suggestionen angenommen oder abgelehnt, d. h. sie werden geglaubt oder nicht geglaubt. Die Grenze des Glaubens in der Hypnose, d. h. die Grenze der Annahme gegebener Suggestionen, liegt einzig und allein in der inneren Einstellung des Hypnotisierten. Glaubt der Hypnotisierte beispielsweise, daß vom Hypnotiseur eine Macht ausgeht, der er sich nicht widersetzen kann, so wird in der Regel alles durchgeführt werden, was der Hypnotiseur dem Hypnotisierten befiehlt. Ja, dann kann es sogar geschehen, daß innerhalb gewisser Grenzen selbst Suggestionen zum Schaden des Hypnotisierten angenommen werden, da dieser glaubt, sich nicht widersetzen zu können. Man soll aber ja nicht annehmen, daß der Mensch machtlos sei, wenn er sich im hypnotischen Schlaf befindet. Sein Unterbewußtsein ist ständig wach; das schläft nicht. Man sieht, es ist von außerordentlichem Wert, die Gesetze der Suggestion zu kennen, um sich einerseits vor Schaden zu bewahren und andererseits bewußt Erfolge zu erzielen. Ein Mißbrauch dieser Gesetze wird sich mit Sicherheit rächen.

Es ist irrtümlich, anzunehmen, daß mittels der Hypnose mehr zu erreichen sei als durch die Anwendung der bewußten Autosuggestion.

Das Gegenteil ist der Fall. Alle Dinge, die man mit Hypnose zu erreichen vermag, kann man auch durch Autosuggestion erzielen und hat dabei vor allem den Vorteil, daß die Auswirkungen von Bestand sind. Jeder, der die Autosuggestion kennt und anwendet, ist sehr wohl in der Lage, den erzielten Erfolg festzuhalten. Weiter macht eine rein hypnotische Beeinflussung den Hypnotisierten mehr oder weniger abhängig von seinem Hypnotiseur, während bei Anwendung der Autosuggestion der Betreffende durchaus selbständig bleibt und ihm die Waffe der bewußten Selbstbeeinflussung jederzeit und allerorts zur Verfügung steht. Ich erinnere den Leser auch daran, daß es ein und dieselbe Kraft ist, welche sowohl der bewußten Autosuggestion als auch der Hypnose zugrunde liegt. Vorzuziehen ist die Anwendung der bewußten *Selbst*beeinflussung.

So schreibt Prof. Dr. J. H. Schultz, Berlin: «Während gutdisziplinierte und autosuggestiv fortgeführte, die ganze Persönlichkeit erzieherisch anfassende Behandlung solcher Art außerordentlich gute und dauernde Erfolge liefern kann, bleibt die gewissermaßen rohe, primitivere Hypnosebehandlung meist ohne dauernden Nutzen in solchen Fällen.» (Eigene Beobachtung an Trinkern.)

Ich fordere den Leser auf, sein Erleben in dieser Welt einmal kritisch zu prüfen; er wird bestimmt zu der Einsicht kommen, daß letzten Endes immer wieder der Glaube das entscheidende Moment gewesen ist. Je mehr wir begreifen, daß der Geist wirklich den Stoff beherrscht, um so besser für uns. Denn wir haben es hier glücklicherweise nicht mit Zufälligkeiten zu tun, sondern mit unabänderlichen Gesetzen. Diese Gesetze sind Naturgesetze, und wir alle sind ihnen unterworfen. Ob wir dies nun wissen oder nicht, anerkennen oder nicht, ist gleichgültig. Geistige Gesetze lassen sich in keiner Weise umgehen. Alles in dieser Welt geschieht nach Ursache und Wirkung. Es ist gut, die Ursachen zu kennen, um die Wirkungen zu bestimmen.

7. DIE DREI GESETZE

Dieses Kapitel behandelt drei Gesetze, welche, wenn sie gut verstanden und befolgt werden, außerordentliche Erfolge zeitigen. Genau betrachtet, stellen diese drei Gesetze Gesetze des Glaubens dar. Ich habe ja schon über den Glauben geschrieben, und so wird der Leser mich hier zweifellos leichter und besser verstehen.

Das erste Gesetz lautet: *Jede Vorstellung, jeder Gedanke, der uns erfüllt, wird Wirklichkeit, sofern die Verwirklichung dieser Vorstellung, dieses Gedankens, menschenmöglich ist.*

Zu beachten ist, daß ein Gedanke, welcher uns erfüllt, durchdringt, beherrscht, dasselbe ist wie das, was wir glauben. Wir sehen hier die schöpferische Tätigkeit unseres Glaubens. Leider hat die Sache auch eine Kehrseite. Das Gesetz fragt nicht danach, ob der Gedanke, der uns erfüllt, beherrscht, durchdringt, für uns gut oder schlecht, ja vielleicht sogar vernichtend ist. Sobald die Verwirklichung dieses Gedankens, dieser Vorstellung, möglich ist, muß sie eintreten. Ein Pechvogel ist zweifellos erfüllt von dem Gedanken, daß er Pech haben muß. Wenn der Mensch glaubt, er sei unheilbar krank, d. h. wenn er erfüllt ist von diesem Gedanken, so *ist* ihm nicht zu helfen. Genau so, wie man manchmal Menschen ohne ersichtlichen Grund dahinsiechen sieht, genau so wird mancher Leser schon erlebt haben, daß ihm bekannte, anscheinend hoffnungslos erkrankte Menschen dennoch wieder gesundeten. Fragt man diese, so bekommt man für gewöhnlich die Antwort: «Ich habe nie an meiner Gesundung gezweifelt, sondern an sie geglaubt.» Selbst auf den Ausgang einer Operation hat die gedankliche Einstellung, je nachdem sie zuversichtlich oder voller Furcht ist, einen gewaltigen Einfluß.

Wie sehr wir von unseren Vorstellungen abhängig sind, beweist ja schlagend der im vierten Kapitel wiedergegebene Fall von Dr. med. Carl Ludwig Schleich, wo der Tod eines völlig gesunden Menschen eintrat, lediglich, weil ihm die Amputation seines angeblich blutvergifteten Armes verweigert wurde und er demzufolge an der eingebildeten Vergiftung sterben zu müssen glaubte.

Wir sehen, daß das, was uns erfüllt, für uns zum Schicksal werden muß.

Dr. Baerwald drückt sich folgendermaßen aus: «... auf medizinischem Gebiete kommt man annähernd mit der Definition aus: Suggestion ist ein (auf dem Wege über das Unterbewußtsein) sich verwirklichender Gedanke.»

Häufig begegnet man der Auffassung, daß die bewußte Autosuggestion von Coué wohl sehr gut sei, aber selbstverständlich nur bei den nervösen Leiden. Diese Auffassung ist irrig. Ich selbst habe ja ausgiebig Gelegenheit – obgleich ich nicht Arzt, sondern lediglich Pädagoge bin –, in meinen Zirkeln und Kursen festzustellen, daß organische Leiden in großer Anzahl oft überraschend schnell durch die Anwendung der bewußten Autosuggestion behoben werden. Es gibt auch genügend Ärzte, die auf dem gleichen Standpunkt stehen, d. h. feststellten, daß durch Suggestion sehr wohl auch organische Krankheiten zu heilen sind.

So sagt Dr. med. Liek: «... es gibt keine Betriebsstörung im lebenden Organismus, keine Krankheit, mögen wir sie funktionell oder organisch nennen, die nicht der seelischen Beeinflussung mehr oder weniger zugänglich wäre.» (Weitere Beispiele im Kapitel «Möglichkeiten des Geistes».)

Das Entstehen und Vergehen von Warzen bietet eine gute Gelegenheit, uns über die Wirkung unserer Einbildungskraft oder unseres Glaubens auf das Organische klarzuwerden. Es dürfte wohl bekannt sein, daß es einem sehr sensiblen Menschen passieren kann, selber Warzen zu bekommen, wenn er genötigt war, jemanden die Hand zu schütteln, die – wie er mit Ekel feststellte – über und über mit Warzen bedeckt war. Der Ekel und der hinzutretende Gedanke: «Na, hoffentlich bekomme ich das nicht auch», führten zur Warzenbildung, welche keine nervöse, sondern eine durchaus organische Erscheinung darstellt. Hier sieht man die gestaltende Kraft unserer Einbildung oder unseres Glaubens an der Arbeit.

Noch bekannter ist aber der entgegengesetzte Fall, daß Warzen infolge der Einbildungskraft, d. h. der Suggestion, wieder zum Schwinden zu bringen sind. Man denke an den im Kapitel vom Aberglauben geschilderten Fall, wo der Glaube an das Verschwinden der Warzen durch Kreuzweg, Vollmond und Speck eine primitive Stütze erhielt.

Hiermit ist der Beweis voll und ganz erbracht, daß man durch bloße *Einbildungen organische Gebilde* hervorrufen und wieder beseitigen kann.

Außerdem sieht man, daß das erste Gesetz keine Rücksicht darauf nimmt, ob der Gedanke, der uns erfüllt, gut oder schlecht ist. Jeder Gedanke, der uns beherrscht und durchdringt, muß sich verwirklichen, soweit das menschenmöglich ist. Einige weitere Beispiele mögen das beleuchten.

Dr. med. Eichelberg suggerierte einer damals fieberfreien Dame Fieber. Nach 10 Minuten begannen die eingelegten Fieberthermometer zu steigen und auf eine weitere Suggestion hin auch wieder zu fallen.

Dr. med. Krafft-Ebing hatte eine Patientin, die sich einbildete, sie habe sich an Stechäpfeln vergiftet, und es trat bei ihr ein sehr gefährlicher Kollaps (Kräfteverfall) ein, aus dem sie nur durch eine hypnotische Suggestion gerettet wurde.

Dr. med. C. L. Schleich erzählt von einer Dame, welche in seiner Sprechstunde bei einer anderen einen Ausschlag gesehen hatte und daraufhin sagte: «Brrr, dann bekomme ich auch einen.» Dr. Schleich fährt fort: «Und in der Tat, nach 10 Minuten hatte sie eine flache Rötung mit Flammenrändern am Handrücken.»

Übrigens hat jeder die Möglichkeit, das Walten des ersten Gesetzes im täglichen Leben zu beobachten. Die Vorstellung des Schlafes erzeugt den Schlaf, leider aber auch die Vorstellung der Schlaflosigkeit die Schlaflosigkeit. Wenn wir einen schlaflosen Menschen beobachten, so werden wir feststellen, daß er sich beim Herankommen der Schlafenszeit mit Gedanken der Schlaflosigkeit erfüllt. Von vornherein sieht er in seinem Bett den Gegner, den Feind; er fürchtet sich, zu Bett zu gehen. Er denkt: «Um Gottes willen, diese lange Nacht, ich höre jede Stunde schlagen, das ist fürchterlich.» Ein anderer denkt nun wieder: «Ja, vor drei, vier Stunden kann ich nicht einschlafen.» Und wieder ein anderer zieht es vor, zu denken: «Morgens um drei oder vier werde ich wach und kann nicht mehr weiterschlafen.»

Diese Nichtschläfer sind so erfüllt von dem Gedanken, nicht schlafen zu können, daß ein Schlaf ausgeschlossen ist. Erst wenn sie erkannt haben, woran das liegt, und es ihnen gelingt, entgegengesetzt zu denken und zu glauben, so schlafen sie bestimmt. Wenn also ein solcher Mensch denken und glauben lernt: Das Bett ist ja zum Schlafen da, ich gehe zu Bett, und ich schlafe, – so wird er die Freude erleben, wirklich zu schlafen. Dabei ist es völlig gleichgültig, wieviel Jahre er an Schlaflosigkeit gelitten hat. Ich sehe in meinen Zirkeln Schlaflosigkeit sehr häufig verschwinden.

Die Migräne ist ebenfalls sehr lehrreich. Coué hat vollkommen recht, wenn er sagt: «Die Vorstellung der Migräne erzeugt diesen häßlichen Kopfschmerz.» Dies betrifft besonders die Damen. Wir wissen, daß es Frauen gibt, die einen ganz bestimmten Tag für die Migräne haben. Zu bedenken ist aber, daß, wenn eine Frau jeden Dienstag Migräne hat, doch diese Migräne lediglich durch den Glauben erzeugt worden sein muß. Es gibt auch sehr viele Frauen, die dann Migräne bekommen, wenn sie irgend etwas vorhaben, worauf sie sich freuen, z. B. einen Ball, ein Konzert oder dergleichen. Es ist merkwürdig, daß die Frauen gerade zu diesen Zeiten von ihrer Migräne überrascht und gequält werden, also weder am Tage vor noch nach dem Konzert oder dem Ball.

Sobald man aber die Gesetze richtig begreift, wird man sofort verstehen, wie das möglich ist. Diese Frauen denken, wenn sie z. B. zum Ball gehen wollen: «Hoffentlich bekomme ich nicht ausgerechnet dann *meine* Migräne.» Richtig, diese Migräne stellt sich prompt ein, wie auf Bestellung. Dieses «Hoffentlich» ist für uns Menschen außerordentlich verderblich. Wenn draußen Glatteis ist, und wir sind genötigt, das Haus zu verlassen, und denken: «Hoffentlich rutsche ich nicht aus!», so können wir uns darauf verlassen, daß wir keine hundert Schritt weit kommen, ohne auszurutschen. Genau so verhält es sich mit der Migräne, mit der Schlaflosigkeit usw. Sobald wir denken: «Hoffentlich schlafe ich gut», setzen wir uns der größten Gefahr aus, schlecht zu schlafen, weil der Begriff «Hoffentlich» die Furcht vor dem Gegenteil, d. h. einen entgegengesetzten Glauben enthält. Und wenn wir denken: «Hoffentlich bekomme ich keine Migräne», dann bekommen wir sie aus demselben Grunde bestimmt. *Wir müssen lernen, zweifelsfrei zu denken*, d. h. «Ich schlafe gut», «Mein Kopf ist vollkommen frei und klar, und nichts kann ihn irgendwie außer Ordnung bringen.» Da die Migräne auf diese Weise erzeugt wird, so muß sie logischerweise genau so zum Schwinden zu bringen sein. Und in der Tat habe ich dies oft genug, auch in schweren Fällen, feststellen können. Bei Asthma ist es genau das gleiche. Die Vorstellung eines Asthma-Anfalles erzeugt einen.

Dr. med. G. R. Heyer erzählt von einem Asthmatiker, einem pensionierten Lehrer, welcher nachts träumte, er müsse morgen früh zur Schule. Prompt sei er mit einem asthmatischen Anfall erwacht.

Coué mit seinem trockenen Humor pflegte Asthmatikern zu sagen: «Ihr Asthma sitzt nicht etwa in der Brust, wie sie denken; nein, es sitzt in Ihrem Kopf.» Er wollte damit sagen: in der Vorstellung, im Glauben. Ich kann aus meiner Erfahrung nur bestätigen, daß sich das Asthma durch Furchtgedanken verschlimmert, daß es aber ebenso durch richtiges Denken beseitigt werden kann.

Unsere guten oder schlechten Stimmungen unterliegen ebenfalls dem ersten Gesetz. Ein kleines Beispiel hierfür. Ein junger Mann ist, wie man sagt, mit dem «linken Bein zuerst aufgestanden»; er leidet unter übelster Laune und weiß nichts mit sich und der Welt anzufangen. Es klingelt an der Vorsaaltür, und er sieht sich der hübschen Freundin seiner Schwester gegenüber. Merkwürdigerweise ist seine üble Laune mit einem Schlage verflogen.

Genau so wie der plötzliche Besuch der hübschen jungen Dame den Gedankeninhalt des übelgelaunten Herrn auswechselte, genau so sind wir in der Lage, durch zielbewußte Selbstbeeinflussung unseren Gedanken eine von uns gewünschte Richtung zu geben.

Dies ist auch von höchster Bedeutung für den wirtschaftlichen Erfolg. Es ist ganz ausgeschlossen, daß jemand, der ständig Mißerfolg denkt und befürchtet, Erfolg haben kann. Auch hier wird durch Selbsterziehung zu Erfolgsgedanken der Erfolg herbeigeführt.

Viele Menschen kommen zu einer Überanstrengung nur durch die dauernde Vorstellung, daß die Erfüllung ihrer Arbeitspflichten anstrengend und aufreibend sei. Diese Einstellung muß zur Erschöpfung führen, weil man mehr Kräfte als nötig verausgabt. Hingegen wird die umgekehrte Vorstellung: daß mir die Erledigung meiner Arbeitspflichten leicht fällt und mich gar nicht anstrengt, bewirken, daß ich nur so viel Kraft ausgebe, als unbedingt nötig ist. So nenne ich die Neurasthenie die «Ich-kann-nicht-Krankheit». Gerade hier sieht man klar und deutlich, wie die Erfüllung mit dem Gedanken: «Ich kann nicht» dazu führt, daß dem Menschen die Erfüllung der leichtesten Arbeit unmöglich wird. Auch hier liegt das Mittel zur Befreiung klar zutage: Umschulung der Gedanken.

An dieser Stelle möchte ich meine Leser darauf aufmerksam machen, *daß ich die Anwendung der bewußten Autosuggestion durchaus nicht nur auf Krankheitsbekämpfung beschränke*, sondern ich behaupte vielmehr, daß wir durch die Selbstsuggestion *einen entscheidenden Einfluß auf unser ganzes Leben gewinnen*. Wir können durch richtiges Denken glückliche, zufriedene und erfolgreiche Menschen werden.

Diese Beispiele mögen hier genügen. Ich fasse kurz zusammen: Wenn jede Vorstellung, die uns erfüllt, Wirklichkeit werden muß, sofern dies menschenmöglich ist, muß doch auch die Vorstellung des Erfolges den Erfolg nach sich ziehen, die Vorstellung der Zufriedenheit uns zu zufriedenen Menschen machen oder die Vorstellung der Gesundheit sich verwirklichen.

Das bisher behandelte erste Gesetz bezeichne ich als Grundgesetz. Es folgt nun *das zweite Gesetz*.

Coué war der erste Forscher, der einwandfrei nachwies, daß wir Menschen nicht durch den Willen gelenkt werden, sondern durch den Glauben bzw. die Einbildungskraft.

Dr. med. Brauchle sagt: «Wir verdanken es Coué, daß die Scheidung zwischen Wille und Einbildungskraft zu einer reinlichen und scharfen geworden ist.»

Das zweite Gesetz lautet: *Wenn Wille und Glaube im Gegensatz zueinander stehen, unterliegt immer und ausnahmslos der Wille; immer siegt der Glaube.*

Ich bin mir durchaus bewußt, daß es dem Leser sonderbar vorkommen muß, wenn ich ihm sage, daß nicht das geschieht, was er will, sondern das, was er glaubt.

Es ist aber immer gut, zu beweisen, was man behauptet. Der einfachste und schlüssigste Beweis für diese Behauptung ist der starke Besuch meiner Lehrzirkel und Gedankenkurse. Wenn der Wille in der Tat die führende Kraft in uns Menschen wäre, so würde bestimmt kein Mensch diese Zirkel bzw. Kurse besuchen, denn es steht außer jedem Zweifel, daß kein Mensch unglücklich sein oder Schmerzen erdulden oder Mißerfolg haben *will*. Trotzdem müssen so viele feststellen, daß ihr Wille sie vollkommen im Stich gelassen hat. Sie alle mußten gegen ihren Willen und gegen ihren Wunsch leiden. So kommen sie in die Lehrzirkel. Und hier lernen sie erkennen, daß es nicht nur auf ihren Willen ankommt, sondern vor allem auf ihren Glauben, und sobald sie das begriffen haben, sobald sie in der Lage sind, sich umzustellen, d. h. sobald sie glauben lernen, daß das Leid verschwindet, so verschwindet es tatsächlich. Darum heißt es: Dein Glaube hat dir geholfen (und nicht: dein Wille).

Sehr häufig habe ich die Freude, zu beobachten, daß Menschen, die sich für hoffnungslos aufgegeben hielten, dennoch vollen Erfolg hatten. Dann ist leider die Menschheit leicht geneigt, an ein Wunder zu glauben, doch hat dies mit einem Wunder nicht das Geringste zu tun. Wenn wir einen solchen Fall genau betrachten, so erkennen wir, daß ein Mensch sich endlich aufgerafft hat, das Gute zu glauben, d. h. zu gestalten, und daß er deshalb endlich statt Krankheit *Gesundheit* oder statt Mißerfolg *Erfolg* geglaubt hat. Der gewohnheitsmäßige Mißbrauch unser schöpferischen Kraft des Glaubens hat es so weit gebracht, daß wir es wunderbar finden, wenn ein Mensch seine gestaltende Kraft des Glaubens einmal richtig anwendet. Tut er das, so fällt sein Leid von ihm ab, oft genug sogar schwere Leiden.

Um das zweite Gesetz gut zu begreifen, betrachten wir einmal die Schwindelanfälle. Gerade der Gedanke, schwindelig zu werden, setzt sich sehr rasch in Wirklichkeit um. Wie viele Menschen stürzen jährlich durch Schwindelanfälle in den Bergen ab! Man beachte aber hierbei, daß sich unter diesen Abgestürzten bestimmt keine Söhne der Berge befinden. Wenn diese verunglücken, so hat dies andere Ursachen, wie Lawinen, Steinschlag usw. Auch kein Schornsteinfeger stürzt wegen Schwindels vom Dach. Dies hat seinen Grund darin, daß eben jener Sohn der Berge oder dieser Schornsteinfegermeister seinen Glauben erzogen hat, d. h. er glaubt, vollkommen sicher auf dem schmalen Brett oben auf dem Dach gehen zu können, ohne abzustürzen.

Ich mache darauf aufmerksam, daß die Schwindelfreiheit lediglich *vom Glauben, nicht vom Willen* abhängt. Wenn sie vom Willen abhängig wäre, so könnten wir ja auf jedem beliebigen Dach spazieren gehen, sobald wir dies wollten. Machen wir aber den Versuch, so müssen wir bald einsehen, daß das nicht geht, daß unser Wille uns hier nichts nützt, weil unser Glaube noch nicht dazu erzogen ist. Diese Beispiele beweisen aber, daß unser Glaube erzogen werden kann, und das ist für uns Menschen außerordentlich trostreich.

Die Coué-Methode ist ein Weg zur Erziehung unseres Glaubens.

Man darf auch nicht vergessen, daß der Schornsteinfeger bei jedem Wind und Wetter, im Sommer wie auch im Winter auf dem Dach arbeiten muß. Das Sonderbare hierbei ist, daß der Mann dort oben sicherer läuft als wir unten auf unseren breiten Fußwegen. Er weiß, daß jedes Ausgleiten, jeder Fehltritt den Tod bedeutet; er hat sich zu dem Glauben erzogen, sich dort oben vollkommen sicher bewegen zu können, ohne daß er schwindlig wird und ohne daß er ausgleitet. Der Wille allein, dort oben sicher zu laufen, nützt gar nichts.

Ebenso müssen wir feststellen, daß wir Menschen mittels unseres Willens nicht in der Lage sind, unser Herz schneller oder langsamer schlagen zu lassen, während dies über den Weg der Einbildungskraft oder des Glaubens durchaus möglich ist.

Dr. med. Brauchle z. B. beschreibt den Fall, daß jemand durch die Macht seiner Einbildung u. a. seinem Herzen das Tempo des Schlagens vorschreiben konnte.

Ebensowenig vermag der Wille auf die übrigen inneren Organe Einfluß auszuüben. Mittels der Einbildungskraft ist man jedoch in der Lage, die Darmbewegung auf das günstigste zu beeinflussen und so die Darmträgheit, welche eine Quelle vieler Leiden ist, zu beseitigen.

Der Einfluß unserer Vorstellungskraft auf den Magen ist ebenfalls wissenschaftlich erwiesen.

So sagt Prof. Dr. med. G. v. Bergmann: «Es lassen sich experimentell die Tropfen des Magensaftes zählen, und man kann feststellen, daß der Anblick der Nahrung schon den Magensaftfluß auslöst.»

Es genügt hierzu sogar schon der Geruch einer guten Speise, ja sogar die bloße Suggestion. Man denke an die saure Zitrone, welche erhöhten Speichelfluß hervorruft, ohne vorhanden zu sein.

Die Furcht vor dem Erröten führt dieses herbei; vor Schreck können wir blaß werden; Angst kann zum Schweißausbruch, Ekel zum Erbrechen führen. Darmentleerung erfolgt nicht auf Willensanstrengung hin, jedoch hat schon mancher zu seinem Leidwesen erfahren müssen, daß sie durch schwere Angstzustände überraschend schnell eintrat.

Man sieht also, wie unsere Gedanken einen weit stärkeren Einfluß auf unseren gesamten inneren Organismus ausüben als der Wille. Wenn der Wille die Macht hätte, führend zu sein, dann wären wir alle reich, fröhlich und gesund. Wie die Wirklichkeit ausschaut, brauche ich dem Leser nicht erst klarzumachen.

Das *dritte Gesetz* ist *das Gesetz der verwandelten Anstrengungen*.

Auch hier wird es den Leser seltsam anmuten, wenn ich ihm sage, daß er häufig genug das Gegenteil von dem tat, was er tun wollte. Dieses dritte Gesetz ist für uns Menschen reichlich unbequem. Es macht uns manchen dicken Strich durch die Rechnung. Ich werde das jetzt durch einige Beispiele erklären.

Der Schlaflose bietet auch hier ein ausgezeichnetes Exempel. Nehmen wir einen Mann, der an dauernder Schlaflosigkeit leidet und von diesem Gesetze nichts weiß. Er begibt sich zu Bett, legt sich ruhig nieder und gibt sich keinerlei Mühe, zu schlafen. Was wird nun geschehen? Er wird zwar auch nicht schlafen können, aber er *ruht* wenigstens. Erst in dem Augenblick, wo er bewußt Willensanstrengungen anwendet, um den ersehnten Schlaf herbeizuzwingen, ändert sich das Bild zu seinen Ungunsten. Je mehr er sich anstrengt, zu schlafen, um so nervöser, gereizter wird er. Oft geht es so weit, daß er es im Bett einfach nicht mehr aushält und es vorzieht, aufzustehen, um zu arbeiten, zu lesen oder eine Zigarette zu rauchen. Betrachten wir diesen Fall, so erkennen wir, daß dieser Mann in der Tat genau das Gegenteil von dem getan hat, was er tun wollte. Er wollte doch schlafen. Das Resultat war aber Schlaflosigkeit, noch mehr: Gereiztheit. Nun wird der Leser verstehen, warum das dritte Gesetz das Gesetz der verwandelten Anstrengung genannt wird. Zum besseren Verständnis will ich dieses Gesetz noch von anderer Seite beleuchten.

Wenn in uns Menschen ein feindlicher Glaube besteht, z. B.: Ich kann nicht schlafen, – so darf ich mich gegen diesen feindlichen Glauben niemals mit meinem Willen wehren. Ich darf also nicht denken: Ich will schlafen. Man beachte wohl, daß Furcht und feindlicher Glaube dasselbe ist. Wenn ich fürchte, nicht schlafen zu können, so glaube ich eben, daß das von mir Gefürchtete eintritt. Immer wird dieser Glaube siegen, also muß ich danach trachten, diesen feindlichen Glauben in einen günstigen zu verwandeln. Ich muß demnach glauben lernen: «*Ich kann schlafen!* Selbstverständlich schlafe ich ausgezeichnet! Ich schlafe von Nacht zu Nacht immer besser und besser!» Dieser Glaube führt bestimmt zum gewünschten Erfolg.

Zur weiteren Erläuterung will ich noch einige Beispiele anführen. Eines Tages sind wir leicht erkältet. Den ganzen Tag haben wir nicht darunter zu leiden gehabt. Des Abends besuchen wir ein Konzert. Zu unserem Unglück kennen wir das Stück, das gespielt wird, ganz genau. Jetzt machen wir den ersten Fehler. Da wir infolge der Erkältung einen leichten Kitzel im Halse spüren, denken wir: «Hoffentlich mußt du nicht husten!» Wir wissen, daß jetzt eine wundervolle Pianostelle kommt und fürchten, husten zu müssen. Es ist merkwürdig, wie schnell unser Organismus auf diese Furcht antwortet. Wir spüren schon, daß sich der Kitzel in unserm Halse bedeutend verstärkt. Nun begehen wir den zweiten Fehler, indem wir den Willen anstrengen. Wir sagen uns nämlich: «Um Gottes willen, ich kann doch jetzt nicht husten, ich kann doch jetzt nicht stören; ich will nicht husten!» Für gewöhnlich entwickelt sich der Fall dann so, daß wir uns so lange beherrschen können, bis jene gefürchtete Pianostelle da ist. Dann aber platzt unser Husten mitten hinein. – Das ist das Gesetz der verwandelten Anstrengungen.

Oder wir befinden uns in einer sehr ernsten Situation, aber unglücklicherweise reizt irgend etwas unsere Lachmuskeln. Je mehr wir nun den Willen anstrengen, nicht zu lachen, um so mehr setzen wir uns der Gefahr aus, tatsächlich lachen zu müssen, für gewöhnlich gerade im unpassendsten Augenblick. Man denke nur an den kichernden Backfisch.

Ein sehr schönes Beispiel bietet uns auch der lernende Radfahrer. Die meisten Leser werden sich noch recht gut der Stunden entsinnen, da sie zum dritten oder vierten Male auf ihr Rad stiegen. Das Balancieren und Fahren ging schon ganz schön auf freier Straße, wenn kein Mensch und kein Wagen zu sehen war. Sobald aber auf dem Wege ein Stein entdeckt wurde, schien es sonderbarerweise, als ob dieser Stein zum Magneten geworden wäre, so zog er an; man wollte ihm ausweichen und riß die Lenkstange erst nach rechts, dann nach links und noch einmal nach rechts, und schließlich fuhr man dennoch über den Stein, dem man doch ausweichen wollte; und zwar je mehr man den Willen anstrengte, an diesem Stein vorbeizukommen, um so sicherer überfuhr man ihn. Das ist ganz einfach zu erklären: Die Furcht vor diesem Stein hatte den Fahrer erfaßt. Furcht aber ist Glaube, d. h. der Fahrer glaubte, an dem Stein nicht vorbeikommen zu können. Er war sich bewußt, daß dieser Stein seiner Balance gefährlich werden mußte. Durch die Willensanstrengung, diesem Stein auszuweichen, erreichte er gerade das Gegenteil vom Gewollten. Wer einmal Gelegenheit hat, einer solchen Situation beizuwohnen, den bitte ich, ein Stückchen weißes Papier zu nehmen, etwa so groß wie jener Stein, über den der lernende Radfahrer soeben hinwegfuhr. Er nehme nun den Stein weg und lege an dessen Stelle das Papier und bitte den Radfahrer, er solle darüber hinwegfahren, aber auch so schöne Bogen beschreiben wie vorher bei dem Stein. Sonderbar – er trifft das Papier nicht, und zwar weil die Furcht verschwunden ist. Der Radfahrer weiß ganz gut, daß dieses Papier seiner Balance nicht gefährlich werden kann, aber ein anderer Glaube hat von ihm Besitz ergriffen. Er denkt nun: «Ich bin doch erst Anfänger und fahre noch gar nicht sicher; wer weiß, ob ich dieses Stückchen Papier treffen werde», und deshalb fährt er vorbei.

Im Wirtschaftsleben verhält es sich genau so. Ein Vertreter, der einige Tage keinen Erfolg gehabt hat, bekommt sehr leicht Furcht, d. h. er denkt: «Um Gottes willen, das kann doch so nicht weitergehen, ich muß doch verkaufen, ich habe zu Hause Weib und Kind» usw. Er reißt sich zusammen und macht das Verkehrteste, was er tun kann, er strengt seinen Willen auf das äußerste an. Er geht in das nächste Geschäft hinein mit dem festen Vorsatz, daß jener Kaufmann unbedingt von ihm kaufen muß. Dabei hat er aber die Furcht im Herzen – den Glauben – es wird wieder nichts. Richtig, auch dieses Geschäft verläßt er wieder ohne Erfolg. Je mehr er sich anstrengte, den Kaufmann zum Kaufen zu bewegen, um so mehr wehrte der andere ab. Der Glaube des Vertreters – seine Furcht – nichts zu verkaufen, siegte wiederum über den Willen, zu verkaufen. Nach ihm kommt ein Kollege, auch er wird ohne weiteres abgewiesen, aber er läßt sich nicht so leicht erschrecken, spricht von Wind und Wetter, von Frau und Kind usw. Merkwürdig, wie es zugeht – er hat einen Auftrag in der Tasche, er hat tatsächlich verkauft, wenn er den Laden verläßt. Der zweite Vertreter hatte keine Furcht. Er sagte sich ganz einfach, wenn der nicht kauft, so kauft eben ein anderer. Er blieb innerlich vollkommen gelassen und hatte trotzdem den festen Glauben, daß er zu seinem Ziele kommen werde. Der zweite Vertreter handelte richtig, und so kam das Gesetz der verwandelten Anstrengungen bei ihm nicht zur Wirkung.

Je mehr man sich eines entfallenen Wortes entsinnen will, um so weniger fällt es einem ein – selbst wenn es uns, wie man so schön sagt, auf der Zunge liegt.

Je mehr sich der Stotterer bemüht, fließend zu sprechen, um so mehr wird er stottern. Man stelle sich vor, daß ein junger Angestellter, welcher stottert, zum Chef gerufen wird. Er nimmt sich eisern vor, fließend zu sprechen, muß aber zu seinem Leidwesen feststellen, daß er noch schlechter spricht als gewöhnlich, ja, es kann unter Umständen vorkommen, daß er kaum einen zusammenhängenden Satz herausbringt.

Je größer die Eile eines Menschen, desto niederträchtiger die Tücke des Objekts.

In Familien, wo ein Angehöriger schwerhörig ist, kann man häufig den Ausspruch hören: «Merkwürdig, das, was du hören sollst, hörst du nicht; aber das, was dich nichts angeht, das verstehst du!» Wer das dritte Gesetz kennt, begreift diesen Vorgang: Der Schwerhörige, welcher einem Thema zu folgen wünscht, tut das Verkehrteste, wenn er seinen Willen anstrengt, um besser zu hören. Dabei ist er von dem Glauben an seine Schwerhörigkeit durchdrungen. Folglich hört er schlechter, und die Angehörigen sind gezwungen, um so lauter zu sprechen. Nach Beendigung des Gespräches unterhalten sich zwei Familienmitglieder hinter seinem Rücken in durchaus normaler, ja, sogar leiser Tonart, und zum Staunen aller versteht der Schwerhörige jetzt jedes Wort. Sobald er aber seine Aufmerksamkeit auf diese erfreuliche Tatsache lenkt und hören will, hört er wieder schlecht. Deswegen rate ich jedem Schwerhörigen, ja nicht hören zu *wollen*, sondern sich kindlich einzubilden: ich höre immer besser.

Ganz ebenso verhält es sich mit dem schlechten Sehen.

Der Augenarzt Dr. med. Luftig, Berlin, warnt mit allem Nachdruck vor Willensanstrengungen, um besser sehen zu können, da hierdurch Verschlechterung des Sehvermögens eintritt. Er sagt, daß diejenigen, die ihre Augengläser ablegen wollen, von dem Wunsche zur Besserung beseelt sein sollen.

Auch ich rate jedem, der schlecht sieht, sich kindlich einzubilden, daß seine Sehkraft sich ständig steigere, und jede Willensanstrengung, ein besseres Sehen zu erzwingen, zu unterlassen.

Wer schlecht zu Fuße ist, soll aus den gleichen Gründen jede Willensanstrengung vermeiden und sich einbilden, daß er immer besser zu laufen vermag. Aus all dem geht klar hervor, daß es darauf ankommt, den Glauben an das Gewünschte in sich zu erzeugen. Der Wille hierzu ist bei jedem vorhanden.

Diese paar Beispiele mögen genügen, um dem Leser klarzumachen, worauf es hier ankommt. Wir ersehen hieraus sehr deutlich, daß, wenn wir uns bewußt zum Guten beeinflussen wollen, der Wille nach Möglichkeit ausgeschaltet werden muß.

Auch Dr. med. Heyer schließt sich Coués Auffassung bezüglich des dritten Gesetzes an, indem er sagt: «Der Satz Coués, daß der Wille ... das Gegenteil seiner Anstrengung zu erreichen pflege, ist aber unbedingt richtig, soweit es sich um Vorgänge in den tieferen Schichten des menschlichen Wesens handelt.»

Um Irrtümern vorzubeugen, möchte ich aber gleich hier betonen, daß wir den Willen durchaus nicht ablehnen. *Jedoch ist es zum Erfolg unbedingt erforderlich, daß Wille und Glaube gleichgeschaltet werden, d. h. eine Einheit, einen Block, bilden.* Volkstümlich ausgedrückt, wir müssen denken lernen: *Ich will und ich kann,* niemals aber, was leider so häufig geschieht: Ich will, aber ich kann nicht.

Der Erfolglose muß erst an seinen Erfolg glauben lernen, dann wird sich sein Erfolgswille durchsetzen. Ebenso muß auch der Kranke den Mut aufbringen, an seine Gesundung zu glauben, um seinem Willen zur Gesundheit zum Siege zu verhelfen. In gleicher Weise führt auch der Weg zur Lebensfreude über den Glauben.

Je mehr wir Menschen den Willen anstrengen, um so mehr beweisen wir, daß ein entgegengesetzter Glaube in uns lebendig ist, sonst würden wir den Willen nicht anstrengen. Je größer die Willensanstrengung, desto größer die Glaubensbetonung im entgegengesetzten Sinne. Da wir nun wissen, daß der Wille dem Glauben gegenüber unterliegt, sobald die beiden in Widerstreit geraten, so ist es klar, daß wir nur klug tun, Willensanstrengungen zu vermeiden. Aus diesem Kräftespiel ergibt sich das dritte Gesetz.

8. PENDELEXPERIMENTE

An Hand einfacher Pendelexperimente können wir uns sehr leicht in spielerischer Weise von dem Wirken der Gesetze überzeugen, soweit sich solche Dinge exakt-wissenschaftlich beweisen lassen. Man zeichne sich ein Kreuz auf ein weißes Blatt Papier auf. Die waagerechte Linie nennen wir a–b, und die senkrechte c–d. Nun stellen wir uns ein Pendel her, indem wir einen Ring oder sonst einen kleinen Gegenstand an einem Stückchen Zwirnsfaden aufhängen. Wir nehmen nun den Zwirnsfaden zur Hand und halten ihn so, daß der Ring genau über dem Kreuzpunkt steht. Die Hand wird ganz ruhig gehalten, so ruhig, wie man irgend kann bei freischwebendem Arm. Gleichzeitig erfüllt man sich mit dem Gedanken, daß dieses Pendel die Linie a–b schwinge. Man stelle sich intensiv vor, daß der Ring in der Tat auf der Linie a–b hin und her schwingt. Es dauert gar nicht lange, so erleben wir, daß der Ring sich in Bewegung setzt und a–b schwingt. Der Gedanke, der uns erfüllte, ist also Wirklichkeit geworden. Das ist das erste Gesetz: Jeder Gedanke, welcher uns *erfüllt*, wird Wirklichkeit.

Wir können dieses Experiment beliebig erweitern, indem wir uns nun vorstellen, daß der Ring die Linie c–d schwingt, und wir sehen sehr bald, daß der Ring seine Richtung ändert und wirklich c–d schwingt. Oder wir können uns auch vorstellen, daß der Ring einen Kreis oder eine Ellipse linksschräg oder eine Ellipse rechtsschräg schwingt. So wie wir uns die Schwingung vorstellen, so wird auch der Ring schwingen. Dabei halten wir unsere Hand vollkommen still, müssen also erkennen, daß wir diese Bewegung des Ringes nicht absichtlich hervorbringen.

Das zweite Gesetz heißt: Wenn der Wille und der Glaube feindlich gegenüberstehen, unterliegt immer und ausnahmslos der Wille. Das erkennen wir hier beim Pendeln sehr leicht, wir wollen absolut stillhalten, wir glauben aber, daß dieses Pendel eine Bewegung ausführt, wie beispielsweise in Richtung der Linie a–b. Wir sehen, daß unser Wille dieses Pendel stillzuhalten, unterliegt.

Auch das dritte Gesetz kann man mühelos hieran feststellen. Je mehr wir den Willen anstrengen, dieses Pendel absolut stillzuhalten und dabei gleichzeitig glauben, daß dieses Pendel die Linie a–b schwingt, um so heftiger wird diese Schwingung erfolgen, d. h. je mehr wir uns anstrengen stillzuhalten, um so stärker werden die Ausschläge des Pendels sein. Wir erreichen das Gegenteil vom Gewollten.

An diesem einfachen Experiment sehen wir alle drei Gesetze in Erscheinung treten. Wir erkennen, daß der Gedanke, der uns erfüllt, sich verwirklicht, wenn es menschenmöglich war. So muß es uns doch ohne weiteres einleuchten, daß es durchaus nicht gleichgültig ist, was und wie wir denken. Wenn wir erfüllt sind von dem Gedanken, Mißerfolg zu haben, so müssen wir notwendigerweise zum Mißerfolg kommen. Oder wenn wir glauben, unheilbar krank zu sein, so sind wir es wirklich. Glücklicherweise ist es im guten Sinne dasselbe, d. h. wenn wir uns mit dem Gedanken an Gesundheit und Erfolg erfüllen, so werden wir schließlich gesund und erfolgreich sein.

9. DIE ANWENDUNG DER COUÉ-METHODE

Diese Methode ist ein außerordentlich wertvolles Instrument im Lebenskampfe. Man beachte aber, daß die Anwendung eines Instrumentes einige Übung erfordert. Mag es sich um eine Nähnadel handeln oder um ein Gewehr; ganz gleich, welche Art von Instrument in Frage kommt, immer ist eine gewisse Übung nötig, um wirklich Gutes leisten zu können. Wir dürfen nicht verkennen, daß es beispielsweise Menschen gibt, die das Nähen oder das Schießen sehr schnell erlernen. Genau so verhält es sich mit dem Instrument der Coué-Methode. Auch hier trifft man Menschen, die in beispiellos kurzer Zeit lernen, mit diesem Instrument richtig umzugehen; aber die meisten bedürfen einer gewissen Zeit, um es wirklich beherrschen zu lernen.

Diese Methode besteht lediglich aus zwei Sätzen. Beide Sätze sind mit Recht weltberühmt geworden; sie haben die Aufgabe, in uns, ich möchte sagen: automatisch, den Glauben an das Gute zu erzeugen und festzuhalten. Der Leser wird erkennen, daß alle Maßnahmen, die getroffen werden, lediglich den Zweck verfolgen, alle Willensanstrengungen auszuschalten.

Der erste Satz ist eiserner Bestand, d. h. es wird verlangt, daß wir diesen Satz, solange wir leben, nicht nur solange wir gerade erfolglos oder krank sind, anwenden, und zwar jeden Morgen als erstes, sobald wir erwachen, und jeden Abend als letztes, bevor wir einschlafen, weil wir wissen, daß diese beiden Zeitpunkte für die Selbstbeeinflussung die günstigsten sind. Um die Aufmerksamkeit nicht unnötig von der Außenwelt abienken zu lassen, sind die Augen zu schließen. Damit wir nun jeder Willensanstrengung aus dem Wege gehen, fertigen wir uns eine kleine Zählvorrichtung an. Diese besteht aus einem Schnürchen, in welches 20 Knoten zu knüpfen sind. Diese Zählvorrichtung lassen wir durch die Finger gleiten, und bei jedem Knoten, den wir fühlen, sagen wir den Satz: «*Mit jedem Tage geht es mir in jeder Hinsicht immer besser und besser.*» Die drei goldenen Worte dieses Satzes sind «in jeder Hinsicht», da sie schlechthin alles umfassen, das Seelische, das Körperliche sowie auch das Wirtschaftliche. Sie sind durchaus wörtlich zu nehmen. Fühlen wir keine Knoten mehr, so wissen wir, daß wir unsere Zwanzigmal gesprochen haben. *Man soll nicht an den Fingern abzählen,* das lenkt die Aufmerksamkeit ab, weil jeder Finger zweimal an die Reihe kommt. Das Zählen mit dem Faden geschieht automatisch.

Weiterhin wird verlangt, daß dieser Satz vollkommen monoton, *sehr, sehr langsam,* so wie eine Litanei, mehr auf einem Ton gesungen als gesprochen wird. Die zwanzigmalige Wiederholung dieses Satzes soll *ungefähr 8 bis 10 Minuten* in Anspruch nehmen. Auch diese Maßnahme hat lediglich den Zweck, alle Willensanstrengungen auszuschließen. Es liegt ja auf der Hand, daß, wenn wir langsam sprechen, wir nicht so leicht in Versuchung kommen, unseren Willen anzustrengen. Weiterhin wird verlangt, daß wir diesen Satz ganz kindlich-naiv sagen, d. h. wir sollen nicht darüber grübeln, wieso wir krank geworden sind und ob wir wieder gesund werden können, oder ob wir bei einer schweren wirtschaftlichen Lage Erfolge haben können. Durch derartige Grübeleien hat noch kein Mensch Erfolg gehabt. Wir sollen den Satz vielmehr kindlich-naiv sagen, d. h. in tiefstem Vertrauen auf den Geist, daß das, was unsere Lippen sprechen, Wirklichkeit wird, daß es uns wirklich in jeder Hinsicht tagtäglich besser und besser geht. So setzen wir die schöpferische Kraft unseres Glaubens nach der richtigen Richtung in Bewegung.

Zum Schluß kommt die Hauptsache. Wir sollen den Satz: Mit jedem Tage geht es mir in jeder Hinsicht immer besser und besser, *laut genug sprechen, d. h. mindestens so laut, daß wir uns selbst hören können.* Wenn es nicht anders geht, genügt auch ein Flüstern, aber hören müssen wir uns selbst unbedingt. Der Grund hierzu ist ganz einleuchtend. Sobald wir laut genug sprechen, dringen die gesprochenen Worte automatisch, d. h. selbsttätig durch unsere Ohren in unser Unterbewußtsein ein. Somit ist es nicht weiter von Belang, wenn unsere Gedanken abschweifen. Wer anstrengungslos an den Satz denken kann, der soll es ruhig tun, aber sobald seine Gedanken abschweifen wollen, soll er sich keinesfalls zwingen, an die gesprochenen Worte zu denken, denn jeder Zwang ist Willensanstrengung, und damit verurteilen wir uns selbst zur Erfolglosigkeit. Gerade diese Anordnung Coués ist sein Meisterstück. Wenn der Erfolg der bewußten Autosuggestion von unserer Konzentrationsfähigkeit abhängig würde, hätte höchstwahrscheinlich die Coué-Methode niemals diese Verbreitung gefunden. Es gibt nicht viel Menschen, welche sich wirklich zu konzentrieren verstehen, aber es dürfte noch viel weniger geben, die sich ohne Willensanstrengung konzentrieren können. Diese gefährliche Klippe umging Coué dadurch, daß er uns vorschrieb, den Satz mindestens so laut zu sprechen, daß wir ihn selbst bequem verstehen können. Dann dringt das gesprochene Wort automatisch durch unsere Ohren in unser unterbewußtes Sein ein, erfüllt es – und alles, was uns erfüllt, muß Wirklichkeit werden, das ist Gesetz. Um das Einschlafen beim Sprechen des Satzes zu verhindern, kann man ihn auch außerhalb des Bettes sitzend oder stehend hersagen.

Man sieht, wie meisterhaft diese anscheinend so einfache Methode von Coué durchdacht ist. Er hat erkannt, daß, wenn auch unser Oberbewußtes vollkommen in Beschlag genommen ist, dennoch andere Eindrücke durch unsere Ohren in unser Unterbewußtes eindringen können. Dies beweist folgender, in ähnlicher Form wohl schon den meisten begegneter Fall: Zwei Herren begegnen sich unerwarteterweise. Der eine von ihnen ist musikalisch. Beide Herren kommen in ein sehr angeregtes Gespräch über irgendein geschäftliches Problem, d. h. ihr Oberbewußtsein ist vollkommen gefangengenommen und streng auf dieses Problem festgelegt. Zur gleichen Zeit spielt ein Junge im Nachbargarten auf einer Mundharmonika eine fremde Melodie. Keiner von den beiden Herren bemerkt dies überhaupt, sie sehen den Jungen nicht, sie hören ihn nicht «bewußt». Sie sind viel zu sehr beschäftigt mit dem, worüber sie sich unterhalten. Der musikalische Herr ist nun wieder zu Hause, und nach kürzerer oder längerer Zeit taucht plötzlich eine Melodie in ihm auf. Im ersten Augenblick weiß er nicht, woher er sie hat. Nach einigem Nachdenken fällt es ihm ein, daß er diese Melodie auf der Mundharmonika spielen hörte, als er seinen Freund X an jener Straßenecke traf.

Diese einfache Tatsache zeigt uns, daß unser Oberbewußtsein vollkommen auf einen Punkt gerichtet sein kann und daß dennoch gleichzeitig ein anderer Eindruck durch unsere Ohren in unser Unterbewußtes gelangen und von dort aus wieder aufsteigen und bewußt werden kann. In diesem Falle war es eben die Melodie, die durch die Ohren des

Herrn eindrang und ihn erfüllte, ohne daß sein Oberbewußtes davon Notiz nahm.

Jetzt werden meine Leser verstehen, warum sie den Satz: «Mit jedem Tage geht es mir in jeder Hinsicht immer besser und besser» so langsam, so monoton, so sing-sang-artig und laut genug, daß sie sich selbst hören können, sagen sollen. Außerdem ist es von großer Wichtigkeit, mit Liebe bei der Sache zu sein, da dann unsere Suggestion die zum Erfolg nötige Gefühlsbetonung besitzt. Sie werden auch verstehen, daß sie ruhig ihre Gedanken abschweifen lassen dürfen, sobald sie nicht *mühelos* an diesen Satz denken können. Denn der Inhalt dieses Satzes wird automatisch durch unsere Ohren eindringen in unser Unterbewußtes, sich dort festsetzen, dasselbe erfüllen, und auf diese Weise kommen wir leicht und mühelos zum gewünschten Ergebnis. Wir können also die Coué-Methode als eine automatische ansprechen.

Sobald wir morgens unseren Satz gesprochen haben, langsam, sehr langsam, laut genug, daß wir es selbst hören, tun wir am besten, die ganze Autosuggestion zu vergessen, d. h. wir sollen nicht ständig darüber grübeln; wir sollen nicht etwa beobachten, ob und wie bald sich der Erfolg einstellt, d. h. kritische Selbstbeobachtung ist unter allen Umständen zu vermeiden. Es genügt völlig, wenn wir morgens und abends den Satz in der angeführten Weise sprechen.

Je mehr es uns gelingt, Gedanken an Mißerfolg, Elend und Krankheit zu meiden – oder noch besser: gegenteilig zu denken, um so besser wird es uns ergehen. Leider gibt es genug Lebenslagen, wo dies unmöglich erscheint; man denke an den Blinden oder Gelähmten. Ganz gleichgültig, auf welche Weise der Mensch gezwungen wird, an seine Krankheit zu denken, – es ist von größter Bedeutung, in welcher Form dies geschieht.

Allgemein dürfte es bekannt sein, daß wir Menschen allzu leicht geneigt sind, das Elend und die Krankheit als riesengroß und unüberwindlich zu empfinden. Hierin liegt der Fehler. Wir müssen in solchen Fällen denken lernen: Da der Geist den Stoff beherrscht und mein Wesen geistiger Art ist, so habe ich auch die Macht in mir, mein Leid zu überwinden. Nicht denken: das Leid ist riesengroß, und wir sind ohnmächtig und klein, sondern umgekehrt. Wir sind als Wesen geistiger Art weit größer und mächtiger denn das Leid. Nur so ist es möglich, Herr darüber zu werden.

Leider zwingen uns oft genug überraschend auftretende körperliche Schmerzen oder seelische Depressionen, an unsere Krankheit zu denken. Für solche Fälle hat Coué den zweiten Satz aufgestellt, sein berühmtes: «*Es geht vorüber*.» Dieses «Es geht vorüber» ist – man kann beinahe sagen: eine Zauberformel, obgleich ihre Wirkung durchaus gesetzmäßig begründet ist.

Die Anwendung dieses zweiten Satzes unterscheidet sich völlig von derjenigen des ersten. Zum Troste meiner Leser sei gesagt, daß dieser zweite Satz kein eiserner Bestand ist, d. h. er wird nur angewandt, wenn Not am Mann ist. Wenn wir also körperliche oder seelische Schmerzen haben oder irgendein Herz- oder Schwindelanfall u. dgl. uns zu belästigen droht, dann wird dieser Satz verwendet. Er wird nicht etwa langsam und monoton gesprochen, sondern ganz im Gegenteil *rasend schnell*, so schnell, daß ein Summton entsteht, so wie das Summen einer fliegenden Biene oder wie das Brummen eines Ventilators. Er wird so schnell gesprochen, daß man die einzelnen Worte nicht mehr verstehen kann. Nach kurzer Übung ist man so weit, daß man selbst den rasendsten Schmerz in einer knappen Minute beseitigt. Sobald der Schmerz wiederkommt, wenden wir den Satz in der gleichen Weise an. Wenn es not tut, tun wir es hundertmal oder meinetwegen zweihundertmal am Tage. Ausdauer führt zum Ziel! Ich habe beispielsweise viele Menschen ihre Ischias loswerden sehen lediglich durch Anwendung des Satzes: «Es geht vorüber.»

Auch Dr. med. Brauchle berichtet, daß er in zahlreichen Fällen beobachtet hat, daß die Schmerzen nach Anwendung obigen Satzes tatsächlich verschwunden sind und verschwunden blieben. So erzählt er z. B. von einer älteren Dame, die seit 4½ Jahren von Kreuzschmerzen geplagt war, welche auf die Anwendung der Worte «Es geht vorüber» in wenigen Minuten verschwanden und nicht mehr zurückkehrten.

Dr. med. Sanders schildert folgenden Fall: «Ein Mann kommt in gebückter Haltung zu Coué; er schleppt sich mühsam, auf zwei Stöcke gestützt. Auf seinem Gesicht liegt düstere Trauer. Coué läßt sich von dem Manne seine Leidensgeschichte erzählen und sagt ihm dann etwa folgendes: ‹Also Sie leiden seit 32 Jahren an Rheumatismus und können nicht gehen. Seien Sie unbesorgt, die Tage Ihres Leidens sind gezählt.› Nach den Vorversuchen sagt er zu ihm: ‹Machen Sie die Augen zu und sagen Sie immer wieder, so schnell sie können – Sie müssen dabei auch die Lippen bewegen: Es geht vorüber, es geht vorüber. Jetzt tut es nicht mehr weh, stehen Sie auf und gehen Sie schnell, schneller, noch schneller! Wenn Sie so gut gehen können, dann können Sie auch laufen, also laufen Sie, lieber Herr, laufen Sie!› Zunächst geht der Patient langsam und vorsichtig, dann läuft er und läuft immer schneller. Dieser Fall wurde am 27. April 1920 in der Klinik des Dr. Berillon beobachtet.»

Da ich selbst über eine große Reihe eigener gleicher Beobachtungen an meinen Hörern verfüge, kann ich nur bestätigen, daß durch die Anwendung des Satzes «Es geht vorüber» oft ganz überraschende Erfolge erzielt werden.

Durch dieses rasend schnelle Sprechen erreichen wir eine zwangsläufige Erfüllung unseres unterbewußten Seins mit dem Gedanken, daß dieser körperliche Schmerz oder jenes seelische Leid vorübergeht; und alles, was uns erfüllt, wird Wirklichkeit. Um die Aufmerksamkeit auf möglichst einfache Art und Weise auf die bedrohte Stelle hinzulenken, streichen wir uns, indem wir die Augen schließen, bei körperlichem Schmerz die Stelle, die uns weh tut, mit der Hand, oder bei seelischer Depression die Stirn, und wenn möglich, für uns allein. Sobald wir aber nicht schnell genug sprechen, d. h. sobald Lücken im Sprechen entstehen, werden in diese Lücken sofort feindliche Gedanken einfallen. Der «Zweifler» in uns wird solche Lücken, solche kleine Pausen sofort benutzen, um zu denken: «Das ist ja gar nicht wahr, der Schmerz geht ja gar nicht weg, das tut mir doch noch weh» usw. Sprechen wir dagegen so rasend schnell, daß überhaupt keine Lücke entsteht, und lange genug, so erreichen wir die Erfüllung unseres Geistes mit dem Gedanken, also dem Glauben, daß der Schmerz oder die Depression vergeht, ehe der innere Gegner, der Zweifler, überhaupt zu Worte kommen konnte. Alles, was uns erfüllt, muß sich verwirklichen, auch wenn die Erfüllung zwangsläufig erzielt worden ist, wie gerade in dem geschilderten Fall. Ich bitte meinen Leser, recht fleißig Gebrauch von dem Satz: «Es geht vorüber» zu machen; er wird erstaunt sein, was er hiermit erreicht. Sollte er keinen Erfolg haben, so hat er entweder nicht schnell genug gesprochen oder nicht lange genug. Leicht wird auch der Fehler gemacht, daß man zu sehr Wert darauf legt, die einzelnen Worte zu verstehen. Ich weise nochmals darauf hin, daß so schnell gesprochen werden muß, daß ein Summton entsteht, folglich die Worte nicht mehr verstanden werden können. In diesem Fall kommt alles auf das rasend schnelle Sprechen an und, wenn möglich, soll man die Schnelligkeit immer mehr steigern, um auf diese Weise die Erfüllung zu erzwingen. Aus diesen beiden Sätzen besteht die Coué-Methode.

Um dem Leser ein möglichst anschauliches Bild zu bieten, wie er sich am besten mit Erfolg beeinflussen kann, möchte ich auf das Verhältnis von Mutter und Kind hinweisen. So, wie die Mutter mit ihrem Kinde umgeht, diese überlegene wissende Güte und Liebe, die sichere Selbstverständlichkeit dem Kinde gegenüber, das Nicht-tragisch-nehmen seiner kleinen Schmerzen, so müssen wir auch mit uns selbst verkehren lernen.

Klein-Elschen ist gefallen, hat sich weh getan und kommt weinend zur Mutter. Die Mutter nimmt das Kind auf den Schoß und fragt: «Wo hast du denn dein Wehwehchen, ich werde darüber hinblasen, sieh da, die Schmerzen sind schon weg.» In der Tat dauert es nicht lange, und durch die Tränen schimmert schon wieder fröhliches Lachen.

Nehmen wir einmal an, daß die Mutter das Geistige in uns verkörpert, während das Kind das rein Menschliche in uns darstellt, so schlage ich vor, *wir* reden *uns* selbst mit dem Vornamen an, indem wir beispielsweise sagen: «Nimm's nicht so tragisch, lieber Fritz, das vergeht bald; nicht lange wird's dauern, dann ist alles wieder in schönster Ordnung» usw. Man bedenke aber, es muß der überlegene Ton der Mutter dem Kinde gegenüber sein, diese Liebe, diese Güte und dieser Humor. Dieses Bild soll nur dazu dienen, den Leser den richtigen Ton bei der bewußten Selbstbeeinflussung finden zu lassen.

Ein Trost ist es für jeden Zweifler, zu wissen, daß ein mit Ausdauer wiederholter Gedanke, sofern es menschenmöglich ist, zur Verwirklichung gelangt, selbst wenn unser Verstand ihn anfänglich ablehnt. Dasselbe ist glücklicherweise auch der Fall, wenn ein Neuling denkt: «Die Botschaft hör ich wohl, allein mir fehlt der Glaube.»

Auch hier entsteht aus der ständigen Wiederholung des Gedankens allmählich der Glaube. Im Interesse des Anfängers ist nur zu raten, nicht gleich die Waffen zu strecken, sondern die Autosuggestion mit zäher Ausdauer durchzuführen, da letzten Endes der Erfolg *gesetzmäßig* in Erscheinung treten muß.

Also richtig denken! Gespräche über Krankheit und Mißerfolg sind unter allen Umständen zu vermeiden. Es ist doch klar, daß ein Mensch, der ständig über Krankheit, über Mißerfolg spricht, sich notwendigerweise mit diesen Dingen erfüllt. Aber vergessen wir nicht, daß alles, was uns erfüllt, Wirklichkeit werden muß, soweit es menschenmöglich ist. Wer also gesund werden will, der grüble und spreche nicht über Krankheit, und wer Erfolg haben will, der grüble und spreche nicht über Mißerfolg.

Wir sehen, daß die Coué-Methode denkbar einfach ist. Die einzige Voraussetzung ist Ausdauer, Ausdauer und nochmals Ausdauer. Sofern wir aber Ausdauer haben und die Methode unbedingt regelmäßig jeden Morgen und jeden Abend anwenden, werden wir auch bestimmt den Erfolg herbeiführen; es wird uns in der Tat in jeder Hinsicht immer besser und besser gehen.

10. GEFÜHLSBETONUNG

Gewiß üben wir in der bewußten Autosuggestion eine Erziehung unserer Gedanken aus; *jedoch steht es fest, daß der Gedanke suggestiv unwirksam bleiben muß, wenn das dazugehörige Gefühl nicht einspringt.*

Bei Anwendung der Methode hat man nicht nur *jede* Willensanstrengung zu vermeiden, sondern auch die Selbstbeobachtung auf das *strengste* zu unterlassen, da jede Selbstbeobachtung das Einspringen des Gefühles verhindern würde.

Im folgenden möchte ich die große Rolle, die das Gefühl im Leben spielt, schärfer beleuchten: Es dürfte wohl allgemein zugegeben werden, daß *jeder* Mensch auf dieser Erde den sehnsüchtigen Wunsch im Herzen trägt, glücklich zu werden. Ich denke sogar, daß dies der *einzige* Punkt sein dürfte, in dem sich alle Menschen auf der Erde einig sind. Ebenso klar ist es, daß ein Glücklichsein *unmöglich* ist ohne das *Glücksgefühl*. Dieses Beispiel ist schlagkräftig genug, um zu beweisen, welche Bedeutung das Gefühl in unserem Leben hat. Und deshalb warne ich davor, den Begriff des Wortes «Gefühlsduselei» zu mißbrauchen.

Die bewußte Autosuggestion wird oft von denjenigen abgelehnt oder gar verworfen, die den Verstand überschätzen. Solchen Menschen fällt des öfteren eine gewisse «Unlogik» auf, die mit den Erscheinungen der Suggestion verknüpft ist. Da nun aber die Unlogik für den Verstandesmenschen das bewußte rote Tuch ist, wird unbarmherzig das Kind mit dem Bade ausgeschüttet. Man sieht, daß es immer gefährlich ist, zu verurteilen, ohne geprüft zu haben. Natürlich ist eine gewissenhafte Nachprüfung mit einiger Arbeit verbunden.

Für die Kenner der bewußten Autosuggestion, die Männer vom Fach inbegriffen, ist es nichts Neues, daß Suggestion und Logik zwei ganz verschiedene Dinge sind. Das soll heißen, eine Suggestion kann durchaus unlogisch sein und dennoch eine außerordentliche Wirkung haben.

Den Suggestionserfolg führe ich auf das Gefühl zurück, da meines Erachtens *nicht das Wort, sondern das Gefühl suggestiv wirkt.* Wenn wir eine Autosuggestion in einen klar abgefaßten Satz gießen, so hat eben dieser Satz die Aufgabe, das dazugehörige Gefühl auszulösen. Tut er dies nicht, so erreichen wir auch nichts.

Es gibt Menschen genug, die es gelernt haben, bei einer Gedankenarbeit das Gefühl auszuschalten. Was sollte z. B. aus dem Juristen werden, der diese Kunst nicht beherrschte? Er könnte doch, wenn das Mitgefühl für seine Gegner das Übergewicht bekäme, keinen Prozeß gewinnen. Man kann also sehr wohl denken und das Einspringen des dazugehörigen Gefühls verhindern. Wenn ein in dieser Richtung geschulter Kopf – das muß durchaus kein Jurist sein – Autosuggestion betreiben will, liegt es doch sehr nahe, daß er einen Sperriegel zwischen Verstand und Gefühl schiebt, und dieser Riegel heißt Selbstbeobachtung. Nun bleiben selbstverständlich die Erfolge aus. Diese Erfolglosigkeit jedoch verleitet oft zu dem Fehlschluß: «Das ist nur etwas für Leichtgläubige.» Wenn jemand die Autosuggestion einigermaßen begreifen will, so geht es leider nicht ohne Arbeit ab. Ich bemerke aber ausdrücklich: Diese Arbeit ist zur Erreichung von Erfolgen nicht unbedingt erforderlich, da ja diese Erfolge nicht vom Verstand, sondern vom Gefühl abhängig sind.

Gedanken erzeugen Gefühle und Gefühle – Gedanken. Es sind aber die Gefühle, die suggestiv wirken, und nicht die Gedanken. Gedanken wirken nur dann suggestiv, wenn sie das zugehörige Gefühl auslösen. Wir benutzen also bei der bewußten Autosuggestion die Gedanken, um die erforderlichen Gefühle zu erzeugen. Wie sie ja wissen, empfehle ich allen, die für diese Welt eine zu feine Haut mitgebracht haben, sich lebhaft einzubilden, von einer kristallklaren, starken, gläsernen Mauer umgeben zu sein, und sich vorzustellen, daß durch diese Mauer nichts Böses, Schädliches und Gemeines hindurch könne. Sehr oft hatte ich die Freude, feststellen zu können, daß diese Vorstellung von außerordentlichem Erfolg war. Hier haben wir in der Vorstellung eine hundertprozentige Unwahrheit. Jedoch wurde dadurch das *Gefühl, geschützt zu sein,* erzeugt und damit der Erfolg sichergestellt. Also müssen wir uns hüten, das Gefühl zu unterschätzen. Gefühle erzeugen aber auch Gedanken. Es kann uns geschehen, daß wir voll trüber Ahnungen sind. Unser seelischer Horizont ist schwarz in schwarz. Wir denken, daß uns etwas sehr Unangenehmes bevorsteht, daß vielleicht ein Unternehmen, das wir eingeleitet haben, nicht nur «schief geht,» sondern uns allergrößten Schaden bringt. Unsere Phantasie malt uns Schreckbilder, wir fühlen uns geängstigt und verfolgt. Ursache: überfüllter Magen. Lächerlich, nicht wahr? Aber leider kommen solche Dinge vor. Es muß aber nicht unbedingt überfüllter Magen sein. Auch Überanstrengungen, Übermüdung, Schwäche usw. können solche Vorstellungen in uns erwecken. Man sieht also, Gefühle erzeugen Gedanken. Wer wagte aber zu bezweifeln, daß solche Gedanken oder – besser gesagt – Gefühle, auch wenn sie unlogisch sind, außerordentlich suggestiv auf den Menschen wirken? Das kann so weit gehen, daß wir weder Appetit noch Schlaf haben, bis die Ursache behoben ist. Siehe da, auf einmal haben wir wieder Mut, Zuversicht und Heiterkeit. Man unterschätze also ja nicht das Gefühl.

Bei der Autosuggestion hängt der Erfolg davon ab, daß die Worte, die wir an uns richten, auch von dem dazugehörigen *Gefühl* begleitet sind. Nun ist es gar nicht so schwer, bewußt ein Gefühl zu erzeugen, da Gedanken Gefühle erwecken. Wenn man sich zum Beispiel sagt: «Ich bin ganz ruhig», gleichzeitig aber Selbstbeobachtung treibt und gespannt darauf lauert, daß diese Ruhe kommt, dann kann man lange warten und wird keinen Erfolg haben. Sagt man aber den Satz und sucht dabei die Ruhe *tief innerlich zu empfinden*, ist das eine ganz andere Sache. Es ist doch gar nicht so schwer, die Ruhe zu fühlen. Handelt man so, dann haben unsere Suggestionen bestimmt den gewünschten Erfolg.

Die Wechselwirkung von Gefühl und Gedanke und die daraus entstehende Handlung können überaus schnell erfolgen, oft in Bruchteilen von Sekunden. Von dem Augenblick, da man empfindlich auf den Fuß getreten wird, bis zu irgendeinem Kraftwort verstreicht für gewöhnlich herzlich wenig Zeit. Also erst das Gefühl des Schmerzes, dann der Gedanke, z. B. «Trampel», welcher manchmal sofort ausgesprochen wird. Wie man daraus ersieht, kann die Wechselwirkung sehr rasch erfolgen.

Man soll immer im Auge behalten, daß bei der bewußten Autosuggestion der ersehnte Erfolg durchaus vom Einspringen des dazugehörigen Gefühles abhängig ist. Mit Recht spricht man von Glücksgefühl, Sicherheitsgefühl, Machtgefühl, von Lust- und Unlustgefühlen.

Entweder man ist vom Gefühl, erfolgreich zu sein, vom Gefühl, zu gesunden, erfüllt, oder vom Gegenteil. Jedenfalls vergesse man nie, welch beherrschende Stellung das Gefühl in der Suggestion einnimmt.

11. SCHLAFSUGGESTION

Wir haben in der Schlafsuggestion ein sehr wertvolles Mittel, um unseren Verwandten und Kindern Hilfe bringen zu können. Schlafsuggestion ist Fremdbeeinflussung, während Autosuggestion Selbstbeeinflussung darstellt. Bei der Autosuggestion haben wir festgestellt, daß wir jede Willensanstrengung vermeiden müssen. Hier, bei der Schlafsuggestion darf und soll der Wille angespannt werden. Die Schlafsuggestion bietet den Vorteil, daß der Verstand ausgeschaltet ist, denn wenn der Mensch schläft, dann schläft auch sein Verstand, folglich kann er nicht zweifeln. Hingegen arbeiten die inneren Organe, wie Herz, Lungen, Drüsen usw., die ganze Nacht hindurch. Unausgesetzt pulsiert das Blut. Auch nachts geht die Verdauung der Speisen vor sich. Die tagsüber ausgegebenen Muskel- und Nervenkräfte werden ergänzt. Es herrscht also – obwohl der Mensch schläft – Hochbetrieb im Körperhaushalt. Dies alles vollzieht sich Tag und Nacht ununterbrochen unter der Leitung des Unterbewußtseins. So wie diese Arbeiten durch das Unterbewußte vollzogen werden, so ist das Unterbewußte durchaus in der Lage, noch ganz anders geartete Leistungen zu vollbringen. Wenn beispielsweise ein junger Mann die Treppe hinunterstürmt, so trifft er mit seinen Füßen haarscharf die Treppenkanten. Sobald er hingegen das Pech hat, daß sich sein Oberbewußtsein mit dem Zweifel hineinmischt, er könnte fehltreten, läuft er sofort Gefahr, zu stürzen. Man denke an die Packerinnen im Warenhaus, die ganz mechanisch die schönsten Pakete herstellen, während Gedanken und Augen ganz woanders umherschweifen.

Ich erinnere daran, daß der Mensch ein «Gewohnheitstier» ist, aber auch, daß alle Gewohnheiten im Unterbewußtsein verankert sind. Sobald es uns gelungen ist, durch ausdauernde Anwendung der Autosuggestion gute Gewohnheiten, besonders Denkgewohnheiten, unserm Unterbewußtsein einzuverleiben, verläuft unser Leben viel schöner und reibungsloser. Sagt doch schon Goethe: «Der Mensch muß sich immer wieder ins Unterbewußtsein flüchten, denn darin lebt seine Wurzel.» Das Unterbewußte ist zielstrebig. Wenn jemand einmal den Befehl eines Suggestors angenommen hat, versteht er es oft auf ganz raffinierte Weise, diesen Befehl auszuführen. So habe ich einst in einer kleinen gemütlichen Gesellschaft auf Wunsch an einem jungen Mann Wachsuggestionen vorgenommen. Ich sagte ihm unter anderem: «Sie können nicht bis 3 zählen!» In der Tat war ihm dies unmöglich. Bei 2 brach er ab und konnte nicht weiter. Dieser junge Mann war intelligent, er sagte mir: «Ich habe gefühlt, wie meine Zunge unbeweglich wurde, so daß ich die 3 nicht aussprechen konnte. Wenn ich mir eine Zahl auswählen darf, so dürfte Ihnen das Experiment nicht gelingen.» Ich stellte ihm dies frei, und er wählte die Zahl 5. Er kam bis 4, stockte und sah mich verblüfft an. Es war ihm unmöglich, die 5 auszusprechen. Erst als ich es ihm gestattete, gelang es ihm. Nun sagte er mir höchst erstaunt: «Ich hatte 5 gewählt, weil man zum Aussprechen der 5 die Zunge nicht benötigt. Denken Sie einmal, es nutzte mir nichts, ich hatte die Zahl 5 total vergessen.» Hier sieht man, wie gut sich das Unterbewußte zu helfen wußte, um den Befehl zu erfüllen.

An dieses Unterbewußte wenden wir uns nicht nur in der Selbstbeeinflussung, sondern auch in der Schlafsuggestion. Bei der letzteren haben wir den Vorteil, daß die Wachtposten Kritik und Zweifel schlafen. Wir wenden uns also auf direktem Wege an das Unterbewußte. Gelingt es uns, mit einem schlafenden Menschen in Kontakt zu kommen, so können wir ihn auf diesem Wege mit einem Gedanken erfüllen, welcher für ihn gut ist. Eine Grundbedingung ist, daß derjenige, welcher die Worte zu dem Schläfer spricht, auch tiefinnerlich davon durchdrungen ist, daß seinen Worten Folge geleistet werden muß, d. h. er muß den tiefen Glauben haben, daß seine Worte wirksam sind. Die Worte, die gesprochen werden, sage man absolut positiv, durchaus bestimmt, in Befehlsform. Nicht etwa: «Ich bitte dich» oder «Es wäre schön, wenn» usw. Was man zu sagen hat, das sage man ruhig, bestimmt und sicher, «das ist so und nicht anders». Wenn der Suggestor, d. h. der, welcher die Worte zu dem Schlafenden spricht, selber nicht an die Wirksamkeit seiner Worte glaubt, so wird sich sein Unglaube auch auf den Schläfer übertragen, und der Erfolg wird gering sein oder vollkommen ausbleiben.

Die Anwendung an sich ist denkbar einfach. *Man stelle sich ungefähr dreiviertel Meter vom Kopf des Schlafenden entfernt auf; nun spreche man leise in murmelndem, eindringlichem und positivem Ton ungefähr folgende Worte:* «Schlafe ruhig weiter. Du läßt dich gar nicht stören, im Gegenteil, du schläfst immer tiefer und besser, hörst aber jedes Wort, das ich zu dir spreche. Du wirst diesen Worten Folge leisten zu deinem eigenen Besten. Mit jedem Mal, da ich zu dir sprechen werde, während du schläfst, wirst du immer tiefer und besser schlafen.» Nun spricht man die Allgemeinformel: «Mit jedem Tage geht es *dir* in jeder Hinsicht immer besser und besser», und zwar etwa zwanzigmal. *Diese Allgemeinformel ist in allen Fällen anzuwenden.*

Hier haben wir aber den Vorteil, daß wir diesen Satz rasch, eindringlich und prägnant sprechen können. Da es sich um Fremdsuggestion handelt, ist es nicht nötig, langsam und monoton zu sprechen. Zum Abschluß fügt man dann noch einige Sondersuggestionen, die auf den speziellen Fall zugeschnitten sind, hinzu. Einem Kinde beispielsweise, das die Gewohnheit hat, an den Nägeln zu kauen, sagt man zum Schluß folgendes: «Du unterläßt das Nägelkauen, das macht dir gar keine Freude mehr, du hast hierzu kein Verlangen, das hört jetzt völlig auf, du machst es nicht mehr, ja, du kannst es gar nicht mehr tun.» Man wiederhole diese Sondersuggestion einige Male recht eindringlich, recht positiv und durchaus überzeugt, daß das auch geschieht. Es wird nicht lange dauern, so wird dieses Kind in der Tat nicht mehr an den Nägeln kauen.

Wenn irgendwelche Gewohnheiten oder Leidenschaften beseitigt werden sollen, wie z. B. Trunksucht oder die Sucht, zuviel zu rauchen, so beachte man, daß in erster Linie der Trieb zum Trinken oder Rauchen zum Erlöschen gebracht wird. Also muß die Sondersuggestion lauten: «Du hast kein Verlangen mehr zu trinken (rauchen), du tust es nicht mehr. Es schmeckt dir nicht, und es ist dir unbegreiflich, daß du früher so viel Freude daran hattest. Du hast kein Verlangen mehr nach Alkohol.» Das und Ähnliches sagt man wiederholt und sehr eindringlich. Dann erst riegelt man schärfer ab, indem man beendet: «Du kannst keinen Alkohol (Tabak) mehr genießen, und wenn du ihn doch zu dir nimmst, wird es dir übel werden, und du mußt erbrechen. Du kannst keinen Alkohol mehr vertragen, ganz gleich in welcher Form du ihn zu dir nimmst.»

Die häufige Wiederholung des gewünschten Erfolges in verschiedenen Bildern führt am leichtesten zum Ziel.

Es ist fehlerhaft und grausam, bei bestehenden Gewohnheiten und Leidenschaften Verbote auszusprechen und dabei den Trieb oder Wunsch bestehen zu lassen.

Um ein unerwünschtes Erwachen des Schläfers zu verhindern, müssen wir als erstes die Furcht, daß er wach werden könnte, aus unserem Herzen verbannen. Wenn wir das Erwachen befürchten, wird es sehr leicht erfolgen. *Wir haben daher durchaus überzeugt zu sein, daß der Schläfer nicht erwacht.*

Ein weiteres Hilfsmittel zur Verhinderung des Erwachens besteht darin, daß man beim Betreten des Schlafzimmers sofort die Worte zu sprechen beginnt, die den Zweck haben, den Schlaf zu vertiefen. Während des Sprechens nähert man sich leise und langsam dem Schläfer bis auf etwa dreiviertel Meter. Man vermeidet dadurch ein Erschrecken durch plötzliches Ansprechen aus der Nähe.

Bei schlecht schlafenden Menschen hat man es nicht nötig, wachzubleiben, um einen günstigen Moment abzupassen, in dem der zu Suggerierende einmal fest schläft. In solchen Fällen begibt man sich zur gewohnten Zeit zur Ruhe und suggeriert *sich selbst*, daß man unbedingt erwachen werde, wenn der Betreffende am tiefsten schläft. Weiter suggeriert man sich, daß man die Schlafsuggestion mit bestem Erfolg ausführen und nach ihrer Beendigung vorzüglich weiterschlafen werde. Man wird dann mit Sicherheit in dem Augenblick erwachen, in dem der andere am tiefsten schläft, eine gute Schlafsuggestion ausführen und anschließend gut weiterschlafen. Wer hieran zweifelt, mag sich erinnern, daß unser Unterbewußtes noch weit merkwürdigere Dinge zu leisten imstande ist. So klopfen z. B. manche Menschen viermal mit der großen Zehe an die Bettlade und werden dadurch 4 Uhr morgens ohne jeden Wecker wach.

Der Leser wird ohne weiteres verstehen, daß hierzu weder die Bettlade noch die Zehe nötig ist. Wer sich beim Einschlafen mit dem Gedanken erfüllt, zu einer bestimmten Stunde zu erwachen, wird bestimmt zu dieser Stunde aufwachen. Macht er seine Sache gut, so wird er ruhig und tief schlafen, nicht etwa unruhig und erregt, und dennoch zur gewünschten Minute aufwachen. Dies habe ich persönlich nachgeprüft und festgestellt, daß man tatsächlich genau auf die Minute erwacht

Ein Herr erzählte mir, daß er sich eines Abends die Suggestion gegeben habe, Punkt 5 Uhr wach zu werden. Als er aber aufwachte, war es 7 Minuten über 5 Uhr. Nun dachte er, daß sich sein Unterbewußtsein um 7 Minuten getäuscht habe. Als er aber an einer Normaluhr vorbeikam, stellte er mit Erstaunen fest, daß seine Uhr um 7 Minuten vorging. Ich finde den Zeitsinn unseres Unterbewußten noch weit wunderbarer und unbegreiflicher als die Tatsache, daß man durch sein Unterbewußtes geweckt wird, sobald derjenige schläft, den wir schlafsuggerieren wollen. Sind wir doch innerlich alle verbunden und insbesondere mit Menschen, welche uns nahestehen.

Wenn die Eltern wüßten, wie leicht es ist, Ungezogenheiten der Kinder abzustellen, oder ihrem Kind, das nicht so recht essen will, das Essen beizubringen, überhaupt die vielen Dinge, die bei Kindern oft recht unangenehm und störend auftreten und den Eltern Sorge und Mühe machen, abzuändern, so würden sie sich viel Arbeit und Ärger ersparen. Wie einfach ist es, durch 10 Minuten Arbeit innerhalb 24 Stunden am schlafenden Kind Gutes zu erreichen. Es ist gleichgültig, zu welcher Zeit die Schlafsuggestion angewendet wird, ob das morgens oder abends oder während des Mittagsschlafes geschieht; Hauptsache ist, daß dieses Kind oder dieser Erwachsene überhaupt schläft. Bei Behebung des Bettnässens z. B. haben wir sehr schöne Erfolge zu verzeichnen. Es ist bestimmt unrichtig, ein Kind wegen Bettnässens zu schlagen, denn auf diese Weise kann man nicht viel erreichen. Bei Anwendung von Schlafsuggestion jedoch wird es nicht lange dauern, um das Übel zu beseitigen. Auch bei Kindern, die in der Schule nicht recht vorwärts kommen, sind ausgezeichnete Erfolge zu erzielen.

So brachte mir eine Mutter ihren zwölfjährigen Buben, welcher im Latein sehr schlechte Zensuren hatte. Durch Anwendung der Schlafsuggestion kam es dahin, daß derselbe Junge statt der schlechten sehr gute Noten erhielt. Auch beim Rechnen habe ich an anderen Kindern dasselbe feststellen können. Auch das, was wir mit Faulheit zu bezeichnen pflegen, diese Unlust, in die Schule zu gehen und Schulaufgaben zu bewältigen, können wir mit Schlafsuggestion sehr schön beseitigen.

Bei Erwachsenen erzielt man selbstverständlich durch Anwendung der Schlafsuggestion ebenfalls ausgezeichnete Resultate, da der Vorgang genau der gleiche ist.

Ich bekam einmal einen Brief von einem Herrn, der mir mitteilte, daß er meine Zeitung an eine Familie weitergegeben habe, in der der Mann Trinker war. In dieser Zeitung war zufällig die Schlafsuggestion ausführlich behandelt. Die Frau hatte meinen Artikel sehr gut verstanden und wandte nun die Schlafsuggestion an. Der Erfolg war vollkommen. Der Mann stellte das Trinken ein. Das zerrüttete Familienleben wurde harmonisch und schön. Der ganze Ort wunderte sich darüber, daß der Mann wieder mit seiner Frau spazierenging, was seit Jahren nicht mehr vorgekommen war.

Hierbei möchte ich feststellen, daß der gelegentliche Genuß eines Gläschens Bier oder Wein noch lange keine Trunksucht ist. Nur der unmäßige Alkoholgenuß führt zu schweren Schädigungen und ist daher zu verwerfen.

Eine Dame, die meine Zirkel besucht, erzählte mir, daß sie bei ihrem Gatten die Schlafsuggestion angewandt habe. Der Mann konnte schon jahrelang gewisse Speisen schlecht vertragen, was ihm recht viel Unannehmlichkeiten bereitete. Nach dreimaliger schlafsuggestiver Behandlung vertrug er alle Speisen, die er vorher nicht ohne Beschwerden genießen konnte; sie schmeckten und bekamen ihm glänzend. Dies war ein sehr rascher Erfolg, wenn man bedenkt, daß nur dreimalige schlafsuggestive Beeinflussung nötig war, um ein jahrealtes Übel voll und ganz zu beseitigen.

Eine Mutter, welche einen Sohn von 21 Jahren hatte, erzählte mir, daß sie mittels Schlafsuggestion sein Rauchen sehr stark eingeschränkt habe. Derartige Fälle könnte ich in großer Menge anführen.

Wir haben in der Schlafsuggestion einen ganz vorzüglichen Helfer und können damit unseren Lieben sehr viel Gutes tun, aber es gehört Ausdauer dazu, es muß innerhalb von 24 Stunden einmal geschehen. 10 bis 15 Minuten genügen vollkommen, um wirklich greifbare Erfolge zu erzielen. Ich rate auch, bei Menschen, die sehr skeptisch veranlagt sind und ihren Zweifel nicht überwinden können, oder bei Menschen, die kleingläubig sind, Schlafsuggestion anzuwenden. Ein solcher Mensch wird doch sicher irgendeinen Verwandten haben, der ihm den Gefallen tut, ihn im Schlaf im guten Sinne zu beeinflussen. Ich möchte an dieser Stelle noch auf folgenden Umstand hinweisen: Je mehr die Suggestion von Liebe getragen ist und dem herzlichen Wunsch, dem schlafenden Menschen zu helfen, um so besser wird das Resultat sein.

Mittels Schlafsuggestion lassen sich auch Charakterfehler abschleifen, abändern, beseitigen, wenn wir sie nicht wünschen. Eine Einwirkung auf diesem Weg ist für den Betreffenden bequemer als der Weg der Autosuggestion, obgleich auch diese zu denselben guten Ergebnissen führt.

Ich habe oft und oft Gelegenheit gehabt, zu beobachten, und auch an mir selbst erfahren, daß Autosuggestion den Charakter eines Menschen innerhalb gewisser Grenzen zu ändern vermag. Es wird zwar häufig behauptet, daß man Charaktereigentümlichkeiten nicht abändern könne; das ist jedoch nicht unbedingt richtig. Wenn die Autosuggestion konsequent und mit Ausdauer durchgeführt wird, so hat sie auch auf diesem Gebiet in vielen Fällen Erfolg. Diese Erkenntnis ist außerordentlich wichtig, was jedem Menschen, der hierüber nachdenkt, ohne weiteres einleuchten wird. Es ist erstaunlich, daß sich ein großer Teil der Menschheit dieser Tatsache verschließt, obwohl wir doch schon längst wissen, daß ein Mann mit guten Anlagen und sehr anständigem Charakter sehr tief sinken kann, und zwar nur dadurch, daß er sich ständig in schlechter Gesellschaft bewegt. Es kann dahin kommen, daß der früher so anständige Mensch sich in das Gegenteil verwandelt. Diese Charakteränderung ist auf die Suggestion des schlechten Beispiels zurückzuführen, denn das Beispiel wirkt stark suggestiv. Mit Recht heißt es: «Böse Beispiele verderben gute Sitten.»

Mancher Mensch ärgert sich über diese oder jene Charaktereigenschaft, die er besitzt, denkt aber gleichzeitig: da kann ich nichts machen, ich bin nun einmal so. Das ist sehr bequem. Es ist aber bestimmt ein Irrtum. Man kann sehr wohl etwas machen, es kostet allerdings Ausdauer und ein wenig Mühe, aber es geht. Wozu reden wir denn sonst von Selbstbeherrschung und Selbsterziehung. Wir haben in der Coué-Methode hierzu ein ganz vorzügliches Instrument. Wir können hiermit Dinge erreichen, die verstandlich nicht so leicht zu begreifen sind. Tatsachen beweisen, daß es geht.

Bequemer ist zweifellos die Schlafsuggestion für den Betreffenden; am besten jedoch die Vereinigung von Auto- und Schlafsuggestion.

Ich weise darauf hin, daß gerade die Beseitigung von Charakterfehlern eine besondere Ausdauer erfordert. An sich ist das vollkommen begreiflich. Ich entsinne mich beispielsweise eines Kindes, das die Mutter in einen meiner Zirkel brachte. Dieses Kind, es mochte vielleicht fünf oder sechs Jahre alt sein, war sehr jähzornig. Durch Anwendung der Schlafsuggestion verlor sich dieser Jähzorn nach und nach voll und ganz.

> Der Nervenarzt Dr. von Gulat-Wellenburg schreibt: «Solche Suggestionen, dem Kinde durch einige Zeit regelmäßig erteilt, prägen sich seinem Unterbewußtsein so wirksam ein, daß es im Wachzustande vor der Versuchung zu unrichtiger Handlung geradezu zurückschreckt, wie wenn ein innerer Zwang plötzlich nötigte.»

Eltern brauchen nicht zu befürchten, daß sie durch Schlafsuggestion Schaden anrichten können, denn alles, was durch Suggestion entstanden ist, ist selbstverständlich ohne weiteres durch Suggestion wieder aufzuheben. Sollten wir also in irgendeinem Fall zu weit gegangen sein, so können wir das auf demselben Wege wieder mäßigen.

Ich rate meinen Lesern, von der Schlafsuggestion häufigen Gebrauch zu machen; sie ist äußerst wirksam und kostet lediglich 10 bis 15 Minuten tägliche Arbeit am schlafenden Menschen. Es kann vorkommen, daß man bei Anwendung der Schlafsuggestion in der ersten Zeit keine Erfolge beobachten kann. Man lasse sich dadurch nicht entmutigen, denn das ist nur der Beweis dafür, daß die Verbindung mit dem Schläfer noch nicht erreicht ist, d. h. man wird noch nicht gehört. In solchen seltenen Fällen rate ich, die Worte in die Magengrube des Schläfers zu sprechen. Wenn man einmal gehört wird, wird man später immer gehört werden; dann ist der Bann gebrochen, und man wird sehen, daß den Worten Folge geleistet wird.

Sobald man von der Wirkung seiner Worte überzeugt ist, und sie in Befehlsform kleidet, also positiv spricht, und die Suggestion mit Ausdauer durchführt, kann der Erfolg nicht ausbleiben. Hier darf nicht gebeten, hier muß befohlen werden, im Interesse desjenigen, dem wir helfen wollen. Selbstverständlich darf man nicht zu laut sprechen; die Lautstärke muß sich ganz nach der Tiefe des Schlafes richten. Manche Menschen schlafen sehr fest, da kann man schon etwas lauter sprechen; aber es gibt auch Menschen, die sehr leicht erwachen, und je weniger tief der Mensch schläft, um so leiser müssen wir auch sprechen. In solchem Falle nehmen wir einen murmelnden oder gar flüsternden Ton an, was aber durchaus nicht ausschließt, daß er ein absolut positiver und befehlender ist.

Irrig ist die Auffassung, daß die Erteilung von Schlafsuggestionen Nervenkraft kostet. Im Gegenteil, ich habe des öfteren feststellen können, daß die guten Worte, die an den Schläfer gerichtet wurden, auf den Ausübenden zurückstrahlten und ihm selbst ganz ungewollt großen Nutzen brachten.

Bei Anwendung von Suggestion, ganz gleich, ob Selbst- oder Schlafbeeinflussung, vermeide man tunlichst, das Übel beim Namen zu nennen. Also nicht etwa sagen: «Du hast keinen Kopfschmerz mehr», sondern «Dein Kopf wird immer freier und klarer.» Nicht: «Deine Appetitlosigkeit verschwindet», sondern: «Du freust dich aufs Essen und hast rechtschaffenen Hunger.» So auch bei der Selbstsuggestion nicht etwa: «Meine üble Laune verschwindet», sondern: «Ich werde immer heiterer und vergnügter.»

So rät auch Prof. Dr. Hauptmann: «Man soll also nicht sagen: Ich werde auf dem Schiff nicht die Seekrankheit bekommen, sondern: Ich werde eine herrliche Überfahrt haben, weil das Unterbewußtsein nur das Wort «Seekrankheit» behält und sich diese Vorstellung dann realisiert.»

Wenn die Schlafsuggestion mit Ausdauer angewandt wird, so wird man mit den Resultaten bestimmt zufrieden sein. Außerdem ist es für den Menschen, der mit Schlafsuggestion behandelt wird, eine sehr einfache und bequeme Sache. Worte, die in Liebe, Glauben und Positivität gesprochen werden, wirken sich für den Schläfer, ganz gleich, ob er ein Erwachsener oder ein Kind ist, im besten Sinne aus.

So schildert Dr. med. Brauchle in «Hypnose und Autosuggestion» Seite 49 folgendes: «Ein älterer Patient sah sich seit Jahren von periodisch wiederkehrenden Attacken einer gestörten Herztätigkeit heimgesucht. Kein Arzt hatte ihm Hilfe zu bringen vermocht. Die regelmäßige nächtliche Einflüsterung der Ehefrau brachte nach vier Wochen einen vollkommenen dauernden Erfolg. – Der fünfjährige Knabe eines Bekannten lutschte unentwegt an seinem Daumen. Keine Belohnungen und keine Strafen vermochten ihn davon abzuhalten. Nach einer einmaligen nächtlichen Beeinflussung, die sein Vater vornahm, war der Junge von seinem Übel befreit. – Stotternde, bettnässende Kinder und solche, die an anderen Übeln leiden, kann man so erfolgreich behandeln.»

12. KINDERERZIEHUNG

Die Schlafsuggestion hat eine ganz besondere Bedeutung im Kindesalter; wir können z. B. einem Kinde, das allen Vernunftgründen zuwider von seiner falschen Ansicht nicht lassen will, diese sehr leicht im Schlafe nehmen. Voraussetzung ist natürlich, daß all dies in Liebe geschieht. Sollten Eltern im Zweifel sein, ob diese oder jene Eigenschaft wünschenswert ist oder nicht, so dürfte eine Rücksprache mit einem guten Pädagogen entschieden das richtige sein.

Es ist unendlich wertvoll, wenn schon dem Kinde beigebracht wird, daß gute Gedanken ihm gute Früchte bringen, aber ebenso sicher schlimme Gedanken schlimme Früchte erzeugen. Es ist für das Kind von hoher Bedeutung, wenn es begriffen hat, daß Gedanken Kräfte sind und entsprechende Auswirkungen haben müssen. Man fasse es dabei ruhig von der egoistischen Seite an, d. h. man mache ihm klar, daß, wenn es gute Gedanken hegt, es bestimmt auch Gutes davontragen wird. Wenn diese Erkenntnis dem Kinde in Fleisch und Blut übergeht, so ist dies ein großer Segen, der ihm sehr viel Elend und Kummer ersparen wird. Im Verkehr mit dem Kinde sei man positiv. Dies soll man zwar immer sein, aber bei der Kindererziehung muß man es an erste Stelle setzen. «Positiv sein» heißt, in bestimmter, sicherer selbstverständlicher Form auftreten. Wenn man einem Knaben beispielsweise sagt: «Ach, würdest du nicht einmal so gut sein, in den Keller zu gehen und Äpfel heraufzuholen», so darf man sich nicht wundern, wenn er keine Lust dazu hat und den Gehorsam verweigert oder mindestens Schwierigkeiten macht. Er liest gerade ein interessantes Buch, und es paßt ihm durchaus nicht, jetzt in den Keller zu gehen. Die negative Fragestellung hat sofort einen Widerstand hervorgerufen. Wenn man aber in aller Ruhe und Sicherheit einfach sagt: «Sei so gut, geh in den Keller und hole mir ein paar Äpfel herauf», so wird er ohne weiteres diesem Befehl nachkommen. Es kommt sehr viel auf die

Satzbildung und den Tonfall an. So manchen Ärger ersparen sich die Eltern, wenn sie sich angewöhnen, stets positiv und sicher dem Kinde gegenüber aufzutreten. Übrigens ist dies den Erwachsenen gegenüber genau dieselbe Sache.

Leider kann man auch oft genug hören, daß Eltern zu ihrem Kinde sagen: «Aus dir wird im Leben nichts, du bist ein großer Faulpelz. Du bist ungeschickt und taugst zu nichts.» Wenn solche Behauptungen oft wiederholt werden, so wird sich der Junge sagen: «Wenn aus mir doch nichts wird, was soll ich mich denn da noch anstrengen; das hat ja doch keinen Zweck.» Man soll nicht versäumen, bei passender Gelegenheit auch ein Lob auszusprechen und dem Kinde zu versichern, daß es dieses oder jenes recht gut gemacht hat, daß es bestimmt im Leben etwas erreichen werde usw., d. h. mit anderen Worten, man soll immer darauf bedacht sein, das Selbstvertrauen und das Ehrgefühl in dem Kinde zu wecken und zu fördern.

Eine große Unsitte ist es, dem Kinde Furcht einzujagen durch den schwarzen Mann oder sonst einen Popanz. Es geschieht dies oft aus Bequemlichkeitsrücksichten, damit das Kind ruhig ist. Hierdurch wird aber in dem Kinde die Furcht geradezu gezüchtet. Richtig ist das Gegenteil: je furchtloser ein Kind ist, desto besser. Wir dürfen nicht vergessen, daß die Furcht der Übel größtes ist.

Wir müssen, im Gegenteil, das Selbstvertrauen im Kinde mit allen Mitteln stärken. Das Kind soll lernen zu glauben, daß es das erreichen kann, was es erreichen will, sofern nur der Wille vernunftgemäß ist. Es soll lernen zu denken: «Ich will und ich kann», und wir können ihm in der Schlafsuggestion sagen: «Du kannst, was du willst, wenn dein Wollen vernünftig ist.»

Leider kann man oft genug beobachten, daß Erwachsene sich in Anwesenheit eines Kindes unterhalten und daß dabei von Krankheit gesprochen wird. Dies ist unbedingt zu verwerfen, denn man glaube keineswegs, daß das Kind nicht darauf hört, weil es anscheinend mit seinen Spielen beschäftigt ist. Ganz im Gegenteil, das Kind interessiert sich für gewöhnlich außerordentlich lebhaft für das, worüber sich die Erwachsenen unterhalten. Je weniger ein Kind von Krankheit hört und sieht, um so besser ist es.

Wir sind in der Lage, den Glauben an das Gute im Kinde zu stärken. Da wir nun wissen, daß der Glaube die schöpferische Kraft im Menschen ist, so ist es doch klar, daß, je mehr das Kind an das Gute glaubt, es um so mehr auch das Gute für sich gestalten wird. Wir geben also unserem Kinde etwas überaus Wertvolles mit, wenn wir diesen Glauben an das Gute in ihm zur Entfaltung bringen.

Aber die beste Suggestion, die wir überhaupt geben können, ist das *Beispiel*. Nichts wirkt so stark auf das Kind wie das vorgelebte Beispiel.

Doch neben dem guten Beispiel ist eine gute, das Selbstvertrauen fördernde Suggestion, und zwar speziell in Form der Schlafsuggestion, von allergrößter Bedeutung. Die Eltern können sich selbst sehr viel Ärger, Mühe und Arbeit ersparen und ihrem Kinde außerordentlich viel Gutes und Liebes erweisen und alles das lediglich durch 10 bis 15 Minuten täglicher Arbeit am schlafenden Kinde.

13. FLÜSTERTECHNIK

Bevor ich auf das Flüstern eingehe, muß ich das «Wieso, Weshalb und Warum» beleuchten. Fest steht, daß der Kernpunkt *jeder* suggestiven Beeinflussung die Erfüllung mit einem Gedanken ist. Um welche Art Suggestion es sich handelt, ist hierbei völlig nebensächlich. *Ob Fremd- oder Autosuggestion, ob Schlaf- oder Wachsuggestion, immer läuft es auf eine Erfüllung mit einem Gedanken oder einer Vorstellung hinaus.* Bei Selbstsuggestion erfüllt man sich bewußt mit einem gewünschten Gedanken. Bei Fremdsuggestion tut man dasselbe bei einem oder mehreren Mitmenschen. Gelingt es mir, mich mit einem gewünschten Gedanken bewußt zu erfüllen, so betreibe ich bewußte Selbstsuggestion mit Erfolg. Das Wort «Erfüllung» ist durchaus wörtlich zu verstehen. Es darf nicht der Schatten eines anderen oder gar entgegengesetzten Gedankens hineingebracht werden, sonst ist es um die «Erfüllung» mit *einem* Gedanken geschehen. Der erste Grundsatz Coués: *«Jeder Gedanke, welcher uns erfüllt, verwirklicht sich, soweit dies menschenmöglich ist»*, enthält eine tiefe Wahrheit. Das Leben selbst lehrt uns, wie wir es anfassen müssen, wenn wir uns zum Guten beeinflussen wollen. Sehen wir doch, daß das Erleben und Geschehen in dieser Welt uns fortgesetzt mit allen möglichen Gedanken und Vorstellungen erfüllt. Wir erkennen aber auch, daß diese Gedanken und Vorstellungen ohne jeglichen Widerstand und ohne Willensanstrengung von uns aufgenommen werden. Das nennen wir *unbewußte* Autosuggestion.

Außerdem stellen wir fest – da schließlich jegliche Art Suggestion sich in Autosuggestion verwandeln muß, um wirksam zu werden –, daß solche Gedanken und Vorstellungen, die uns erfüllen, stets gefühlsbetont sind, d. h., daß sie ein entsprechendes Gefühl auslösen: traurige Gedanken – niederdrückende Gefühle; lustige Gedanken – Gefühle froher Art usw.

Auch haben wir hier einen Prüfstein, um festzustellen, ob der Satz: «Mit jedem Tage geht es mir in jeder Hinsicht immer besser und besser» richtig angewandt wurde oder nicht. Denn wenn jemand angenommenerweise diesen Satz etliche Monate früh und abends anwendet und läuft dennoch kopfhängerisch herum, so ist der Beweis geliefert, daß sein Unterbewußtsein den Satz nicht angenommen, d. h. nicht geglaubt hat. Denn wenn er glaubt, daß es ihm immer besser und besser geht, würde ihm das «sein Gefühl» – und uns «sein Gesicht» sagen.

In der unbewußten Autosuggestion sehen wir das Leben als Suggestor an der Arbeit, und wir sind diejenigen, die suggeriert werden. Aber genau so gut, wie das Leben uns suggeriert, können *wir* diese Rolle uns selbst gegenüber übernehmen. Das bringt uns großen Nutzen und wird als *bewußte Autosuggestion* bezeichnet. Hierbei wird die unbewußt wirkende Kraft in eine bewußt angewendete verwandelt. Wenn wir uns allen Einflüsterungen des Lebens haltlos hingeben, so dürfen wir uns nicht beklagen, daß wir zu Schaden kommen. – Ein Geschäftsmann, dessen Geschäft eine schlimme Zeit durchmacht, muß zum Sturze kommen, sobald er den ständig auf ihn einstürmenden Gedanken des Sturzes nicht Halt zu gebieten versteht. Der erkrankte Mensch muß viel schwerer erkranken, wenn er sich dem Krankheitsgedanken haltlos und voller Furcht hingibt. Der Mensch, welcher den Leidgedanken ständig Tür und Tor offenhält, kann gewiß nicht zu den glücklichen gerechnet werden. Wir sehen, daß das Leben ein ganz vorzüglicher Suggestor ist, und daß wir ihm nur allzu willig Ohr und Herz öffnen. Wir tun gut daran, uns nicht mehr allen Einflüssen des Lebens wehrlos auszuliefern. Es ist weit besser, eine vernünftige Auswahl zu treffen, Einflüsse des Lebens, die uns nicht passen, zielbewußt auszuschalten und die uns angenehmen zielsicher und stark zu unterstützen. Genau so, wie das Leben uns suggeriert, d. h. mit irgendwelchen Gedanken erfüllt, genau so können wir uns selbst mit gewünschten und vernunftgemäßen Gedanken erfüllen, d. h. suggerieren.

Wir wissen jetzt, worauf es ankommt. Unsere Einflüsterungen müssen erstens völlig frei von Willensanstrengungen sein, also durchaus selbstverständlich, zweitens voller froher Erwartung, daß sie sich bestimmt verwirklichen werden, und drittens müssen sie gefühlsbetont sein, d. h. das dazugehörige Gefühl auslösen. Schöne Dinge müssen angenehme Gefühle erzeugen, andernfalls haben wir nichts gekonnt.

Aber auch in diesem Falle soll man sich nicht entmutigen lassen. Es fällt kein Meister vom Himmel.

Es ist nur ratsam, mit eiserner Ausdauer die Coué-Methode durchzuführen und tagsüber zur Flüstertechnik zu greifen. Lieber Leser, Sie sollen flüstern, um sich mit allem, was gut ist, zu erfüllen. Das «Flüstern» müssen Sie nicht gar so wörtlich nehmen. Es können Umstände eintreten, wo Sie mit sich selbst laut und vernehmlich sprechen können. Ebenso kann es auch sein, daß Sie das, was Sie sich zu sagen haben, nur denken. Auf alle Fälle ist es die Form des *Selbstgesprächs*, die ich meine. Damit wir Willensanstrengung vermeiden, flüstern wir während irgendeiner Ablenkung, also während irgendeiner Beschäftigung. Man verfällt dann nicht so leicht in den Fehler, seinen Willen anzuspannen.

Jeder weiß doch, daß *«Zureden» hilft*. Also reden wir uns zu, in aller Güte und Liebe. Wir versichern uns selbst, daß unsere Stimmung eine ganz ausgezeichnete sei. Wir bejahen das Leben; wir finden die Welt wundervoll. Wir versichern uns im Selbstgespräch, in ganz *naiver Selbstverständlichkeit*, daß wir die heitersten und glücklichsten Menschen seien und daß wir mit niemand tauschen möchten. Je unglücklicher wir uns fühlen, um so mehr haben wir alle Ursache, das Gegenteil zu behaupten. Das Herrliche hierbei ist, daß wir mit unserer – ich möchte beinahe sagen: frechen – Behauptung Recht behalten. Wir werden in der Tat allen Widerwärtigkeiten zum Trotz heiter und glücklich, – wohlverstanden, ohne greifbare Ursachen hierfür zu haben. Dies ist nur dadurch zu erklären, daß sich der Gedanke, welcher uns erfüllt, als schöpferische, gestaltende Kraft auswirkt. Trotz Weiterbestehens der Widerwärtigkeiten erzielen wir Heiterkeit und Frohsinn.

Die Heiterkeit des Gemütes wiederum ist der beste Nährboden für jede gute Suggestion. Leider ist es aber umgekehrt genau so, d. h. üble Stimmung ist der beste Nährboden für schlimme Suggestionen. Deswegen rate ich dringend, sich in allererster Linie zur Heiterkeit zu erziehen, indem wir dieselbe in unseren Selbstgesprächen einfach als bestehend annehmen. Diese kindliche Selbstverständlichkeit können wir in höchster Vollendung nur über den Weg des absoluten Gottvertrauens erreichen. Beachtenswert ist die Feststellung, daß eine naive, kindliche und dabei möglichst anschauliche Formulierung unserer Suggestionen den allergrößten Erfolg erzielt. Mit einfachen, schlichten und dabei möglichst bildhaften Vorstellungen kommen wir in der Tat am besten zum Ziel.

Die Selbstgespräche, die ich empfehle, sollen als Inhalt nur das Gute, das wir uns wünschen, in möglichst naiver, aber dabei durchaus positiver Form enthalten. Es liegt auf der Hand, daß in der möglichst häufigen Wiederholung des Gewünschten – sagen wir: alle Stunden einmal, laut gesprochen, geflüstert oder gedacht – eine gewaltige Zusammenballung der Kräfte liegen muß. *Je öfter wir flüstern, um so größer der Erfolg.*

Sonderwünsche, die wohl jeder Mensch hat, lassen sich bei dieser Flüstertechnik mühelos anbringen. Sehr wichtig ist es auch, daß wir auf demselben Wege *Zweifel beseitigen* können. Das Wichtigste jedoch ist, über den Weg der Einflüsterung die innere Führung zu entwickeln. Damit wir aber nicht Gefahr laufen, mit der Zeit der Umwelt gegenüber zur komischen Figur zu werden, weil wir, überall Selbstgespräche führend, durch die Welt gehen, *versichern wir uns selbst*, daß wir uns der Flüstertechnik so geschickt zu bedienen wissen, daß kein Mensch etwas davon merkt. Wenn uns das Leben mit häßlichen Gedanken zu erfüllen bestrebt ist, so lassen wir uns dies einfach nicht gefallen und flüstern uns in Form von Selbstgesprächen das Gute zu, so lange, bis es uns erfüllt. Dann haben wir gesiegt und dem so gefährlich tuenden Wauwau, Schicksal genannt, ein Schnippchen geschlagen! Alles, was uns erfüllt, muß sich verwirklichen, wenn es menschenmöglich ist. Was ist nicht menschenmöglich!

Nur als Anregung gebe ich ein Schulbeispiel. Man bedenke aber, daß jeder Mensch seine eigene Form hat, nach der er sich richten muß.

Als Beispiel eines Selbstgespräches für die Flüstertechnik folgendes: «Mir geht es ausgezeichnet; es kommen immer mehr frohe Gedanken zu mir. Ich fühle mich so glücklich und zufrieden. Nichts kann mir meine frohe Stimmung rauben. Ich bin vergnügt und lustig. Alle meine Leiden schwinden dahin, so wie der Schnee in der Sonne. Wirtschaftlich geht es mir immer besser und besser. Es kann mir gar nichts fehlen, ich werde von innen geführt. Also tue ich auch das Rechte zur rechten Zeit. Meine Erfolge müssen wachsen, wirtschaftlich, körperlich, seelisch. Ich bin auf dem besten Wege, der glücklichste Mensch auf dieser herrlichen Welt zu werden. Herrlich ist das Leben! Wenn es mir auch jetzt nicht so geht, wie ich wohl möchte, so weiß ich aber glücklicherweise, daß dies vorüberzieht wie ein Gewitter. Es wird nachher ganz gewiß doppelt so schön werden. Ich habe Geduld und verstehe es ganz vorzüglich, ein Unwetter abzuwarten. Meine Beschwerden verschwinden nach und nach, mehr und mehr, bis sie voll und ganz für immer verschwunden sind» usw. Gerade im Unglück sollte der Mensch, je öfter, um so besser, von der Flüstertechnik in Form von Selbstgesprächen Gebrauch machen. Gerade für den Unglücklichen und Erfolglosen ist das Flüstern von allergrößtem Wert. Wir erfüllen uns auf diesem einfachen Wege mit allem, was gut ist, vermeiden jede Willensanstrengung und behaupten mit einer frohen Unbekümmertheit als eine selbstverständliche Tatsache alles das, was wir wünschen.

Also, lieber Leser: *Flüstern Sie!* Kümmern Sie sich nicht um die Zweifel, die Ihnen Ihr Verstand etwa einzuflößen versucht. Wer zuletzt lacht – lacht am besten. Der Erfolg entscheidet. Wer da ernstlich will, findet über Tag tausend Gelegenheiten, beispielsweise beim Ankleiden, oder wenn unser Radio so recht schön laut tönt, oder beim Aufwaschen, meine Damen, beim Spazierengehen, in der Eisenbahn nach dem hämmernden Takt der Räder usw. Dies sind lediglich Anregungen; sie verfolgen den Zweck, Willensanstrengungen auszuschalten.

Wer aber sollte sich nicht ernstlich mit der Flüstertechnik beschäftigen, wenn ich ihm versichere, daß er sich auf diese Weise sehr wohl und sehr gut zu helfen vermag?

14. AUSDAUER

Genau genommen ist Ausdauer ja selbstverständliche Voraussetzung für den Erfolg; aber manches, was ich in diesem Buche sage, ist selbstverständlich und wird dennoch nicht beachtet. Die ganze Coué-Methode ist so einfach, daß mancher denkt: «Mit solchen einfachen Mitteln ist doch nichts zu erreichen.» Ich bin in der glücklichen Lage, das, was ich behaupte auch durch die Erfolge in meinen Zirkeln und Gedankenkursen beweisen zu können. Wir Menschen neigen gar zu leicht zu der Meinung, daß, je größer eine Apparatur, je komplizierter eine Vorrichtung sei, sie um so mehr wirken müsse. Wenn wir überhaupt von einer Schwierigkeit bei der Anwendung der bewußten Autosuggestion sprechen wollen, so liegt diese Schwierigkeit lediglich in der Ausdauer. Erst wenn der Schüler begriffen hat, welche gewaltige Macht sich hinter dem Begriff Autosuggestion verbirgt, wird er verstehen, welch enorme Wirkungen bei beharrlicher Anwendung der Coué-Methode zu erzielen sind. Diese Beharrlichkeit ist unerläßlich. Verhältnismäßig oft erlebe ich bei meinen Hörern augenblickliche Erfolge; es ist aber nicht zu verkennen, daß diese im allgemeinen zu den Ausnahmeerscheinungen gehören. In der Regel benötigen wir Ausdauer.

Wem in kurzer Zeit ein Erfolg nicht beschieden ist, darf sich durch die raschen Erfolge anderer nicht entmutigen lassen.

Immer wieder stelle ich fest, daß diejenigen, die mit Ausdauer die Coué-Methode anwenden, letzten Endes doch Erfolg haben. Fraglos werden in der Anwendungsmethode der bewußten Autosuggestion noch weitere Fortschritte gemacht werden, vielleicht ist es später einmal möglich, den sofortigen Erfolg zur Regel zu machen. Wir sehen immer und immer wieder solche auftreten, aber wir wissen noch nicht sicher, woran es liegt, daß der eine im gleichen Falle schnell zum Ziele kommt, während der andere längere Zeit dazu benötigt. Zwar wissen wir schon, daß, je intensiver, je plastischer, je gewaltiger der Glaube ist, um so rascher auch der Erfolg einsetzt; aber wir kennen die Gesetze des Glaubens noch nicht in dem Maße, um einen so intensiven Glauben mit Sicherheit schnell hervorzurufen.

Die Coué-Methode ist bis jetzt die beste Art, den für uns so wichtigen Glauben an das Gute zu erzeugen und zu stählen. Durch die Anwendung dieser Methode kommt eben der eine rasch zu diesem ersehnten Glauben, der andere braucht längere Zeit. Ich vermute, daß auch hier im Laufe der Zeit weitere Entdeckungen uns vorwärtshelfen werden. Wie aber zur Zeit die Dinge liegen, ist Ausdauer unbedingt erforderlich. Ich freue mich mit jedem, dem ein rascher Erfolg beschieden ist, weise aber darauf hin, daß der Erfolg durch Ausdauer ebenfalls unbedingt erreicht werden wird, sobald es überhaupt menschenmöglich ist. Betonen muß ich, daß die Grenzen des Möglichen nicht abzustecken sind. Wir Menschen würden nicht weiterkommen, wenn wir nicht den Mut aufbrächten, das als «unmöglich» Bezeichnete anzustreben. Wir würden weder fliegen, noch telephonieren, noch Radio hören usw. In diesem Sinne sagt Goethe: «Den lieb ich, der Unmögliches begehrt.» Jedenfalls habe ich bei meinen Hörern schon oft Dinge möglich werden sehen, die wissenschaftlich als unmöglich bezeichnet wurden. Man fasse dies bitte nicht als Angriff gegen die Wissenschaft auf. Ich stelle nur fest, daß wissenschaftliche Erkenntnisse durch den Verstand gewonnen werden und wissenschaftliche Wege verstandliche sind. Die Erfolge der Coué-Methode sind jedoch unmittelbare Auswirkungen des Geistes. Daß der Allgeist als Schöpfer des Verstandes mehr zu leisten imstande ist als sein Produkt, ist selbstverständlich. Eine Verbindung beider Wege ist sehr ratsam. Wir wollen keine Fanatiker sein, im Gegenteil, wir wollen alles tun, was uns helfen kann, was uns vorwärtsbringen muß. Leider muß ich oft feststellen, daß Menschen zu mir kommen in der Annahme, daß ich über irgendwelche besonderen Kräfte geheimnisvoller Art verfüge. Diese Menschen scheinen zu glauben, daß ich durch irgendwelche sonderbaren Manipulationen das Unmöglichste möglich machen kann. Das Resultat einer solchen Einstellung muß notwendigerweise Enttäuschung sein. Ich habe es erlebt, daß Menschen, sobald sie erkannten, *daß die Coué-Methode eine Selbsterziehung ist, eine ehrliche Arbeit an sich selbst,* – den Kampfplatz verließen. Die Coué-Methode betreiben, heißt:

umdenken lernen. Es gibt bestimmt keinen bequemeren, einfacheren Weg, um zu wirklichen Erfolgen zu kommen. Ebenso sicher ist es, daß die Anwendung der Coué-Methode sehr wenig Zeit beansprucht. Von irgendeiner Berufsstörung oder dergleichen kann nicht die Rede sein. Auch die bequeme Ausrede, man habe hierfür keine Zeit, ist vollkommen hinfällig. *Hingegen erfordert die Anwendung eine unverbrüchliche zähe Ausdauer.*

Man soll diese Methode anwenden, solange man lebt, nicht nur, solange man erfolglos oder krank ist. Es ist doch völlig klar, daß, wenn diese Methode imstande ist, selbst schweres Leid zu beseitigen, sie um so mehr geeignet sein muß, *diesem Leid vorzubeugen.* Wenn sich im Leben alles so lohnen würde, wie die paar Minuten morgens und abends, welche die Anwendung der Coué-Methode erfordert, so wäre es recht gut um uns bestellt.

Für gewöhnlich ist die Zähigkeit überhaupt eine Voraussetzung des Erfolges, ganz gleich, nach welcher Richtung wir uns diesen wünschen. So mancher baut ein Unternehmen folgerichtig auf; da sich aber der Erfolg nicht rasch genug zeigt, streckt er die Waffen. In vielen derartigen Fällen hätte zähe Ausdauer dennoch zum Erfolg geführt.

Der Grund, daß ein Erfolg auf sich warten läßt, muß nicht immer in einem wankelmütigen Glauben zu suchen sein. Man darf doch nicht vergessen, daß es Dinge gibt, die nicht über Nacht verschwinden können. Beispielsweise wäre es ein Unding, zu erwarten, daß eine kindskopfgroße Geschwulst über Nacht beseitigt wird. Es ist klar, daß der Geist beweglicher ist als die Materie, folglich kann man nicht erwarten, daß die Vorstellung vom Verschwinden einer Geschwulst sich über Nacht verwirklicht. Man muß der Materie Zeit lassen, dem geistigen Vorbild nachzukommen.

Ich warne vor Ungeduld, denn Ungeduld löst Willensanstrengungen aus, und gerade diese sind bei der Anwendung der bewußten Autosuggestion auf das sorgfältigste zu vermeiden. Man vergesse nie, daß Ausdauer zum Ziele führen muß.

Jeder Reklamefachmann weiß dies ganz genau. Er sagt in vielen Fällen: «Eine Annonce ist keine Annonce.» Auch hier kann es schnelle Erfolge geben; Reklame beruht ja auch auf Suggestion, und zwar auf Suggestion in schriftlicher Form. Es kann vorkommen, daß wir hundertmal eine Annonce lesen, ohne daß sie uns irgendwie beeinflußt. Bei zweihundertmaligem Lesen wird das Interesse wach. Beim dreihundertsten Male kommt vielleicht der Wunsch, einen Versuch zu machen und erst beim fünfhundertsten Male wird man Käufer. Ist die Ware gut, so ist der Kunde gewonnen. Man glaube ja nicht, daß die Zigarettenindustrie oder die kosmetische Industrie ihr Geld umsonst für Reklame hinauswirft. Es werden von solchen Firmen große Kapitalien aufgewendet lediglich für Reklame, d. h. für eine großangelegte schriftliche Suggestion des Publikums. Der Reklamefachmann weiß ganz genau, daß Ausdauer zum Ziele führen muß, sofern die Ware etwas taugt. Durch die beharrliche Behauptung, daß diese oder jene Ware die beste der Welt sei, wird schließlich der Glaube erzeugt, daß es an dem ist. Auch bereits eingeführte Firmen können nicht auf weitere großangelegte Reklame verzichten. Mit anderen Worten: Selbst wenn ein Artikel schon gut eingeführt ist, muß der Hersteller Sorge tragen, daß der Glaube an den Artikel nicht erlischt. Ein mir bekannter Großindustrieller, der einen allen Lesern bekannten kosmetischen Artikel herstellt, bestätigte, daß bei Verminderung der Reklame sofort der Umsatz entsprechend zurückging.

Genau so müssen wir uns auch bei der Anwendung der Coué-Methode verhalten. Wir stellen uns selbst gegenüber jeden Morgen und jeden Abend die Behauptung auf, daß es uns mit jedem Tag in jeder Hinsicht immer besser und besser geht. Wenn wir dies mit Ausdauer tun, muß der Moment eintreten, da wir uns das selbst glauben. Da der Glaube die schöpferische Kraft ist, kann die Wirkung nicht ausbleiben. Haben wir dieses Ziel erreicht, müssen wir genau so handeln wie jene eingeführten Firmen, die trotz ihrer Einführung Reklame im großen Stil weiterbetreiben, um den bereits gewonnenen Glauben ihrer Kundschaft nicht wieder einzubüßen, d. h. wir müssen die Coué-Methode unbedingt weiter durchführen, und zwar so lange, wie wir leben. Das müssen wir in unserem eigensten Interesse tun, damit wir diesen so kostbaren Glauben, nämlich, daß es uns mit jedem Tag in jeder Hinsicht immer besser und besser geht, nicht etwa wieder verlieren. Wir wollen doch den Erfolg, nachdem wir ihn errungen haben, auch behaupten.

Unseren Gewohnheiten liegen zweifellos auch gewohnte Gedanken zugrunde. Wenn ein und derselbe Gedanke immer wiederholt wird, so wird er zur Gewohnheit und hat auch ein dementsprechendes Geschehen zur Folge. Man kann sich das etwa so vorstellen, daß ein Gedanke, der immer und immer wieder gedacht wird, in unserem Gehirn feste Bahnen erzeugt gleich ausgetretenen Wegen. Ob der Gedanke gut oder schlecht ist, ist hierbei nebensächlich. Sobald wir Autosuggestion betreiben, d. h. sobald wir uns *bewußt* beeinflussen, erzeugen wir neue, und zwar *gute Gedanken*. Diese gewünschten guten Gedanken müssen so lange immer wieder und wieder gedacht werden, bis sie sich eine Bahn gegraben, einen festen Weg im Gehirn erzeugt haben. Je öfter also ein guter Gedanke gedacht wird, um so tiefer und gangbarer wird seine Spur im Gehirn; der verlassene Gedankenweg dagegen wird nach und nach verfallen und unbrauchbar werden. Haben wir jedoch keine Ausdauer, so werden im Anfang unsere Gedanken gern wieder in die alten und ausgetretenen Bahnen zurückkehren wollen. Der neuangelegte Weg hingegen wird naturgemäß, weil er noch nicht so tief, noch nicht so fest, noch nicht so sicher ist, gern gemieden. Also Gedanken guter Art, überhaupt Gedanken, die mit Ausdauer festgehalten werden, immer wieder gedacht werden, müssen nach und nach derartige Gedankenbahnen erzeugen, und ebenso sicher müssen die verlassenen Gedankenbahnen nach und nach völlig verfallen und verschwinden.

Wer nach einem Erfolg in der Anwendung der Coué-Methode nachläßt, kann sehr leicht Gelegenheit haben, dieses Nachlassen zu bereuen. Wer aber diese Unterlassung schon einmal gebüßt hat, wird sicher für ein zweites Mal vorsichtiger geworden sein. Richtiger ist es auf alle Fälle, es gar nicht so weit kommen zu lassen.

Wir besitzen in der Anwendung der bewußten Autosuggestion eine wundervolle Waffe gegen das sogenannte Schicksal, eine Waffe, wie sie nicht wirksamer gedacht werden kann. Es handelt sich nur darum, die Gewohnheit anzunehmen, die Methode von Coué durchzuführen. Alles, was zur Gewohnheit geworden ist, fällt uns leicht. In diesem Punkt müssen wir hart gegen uns werden, wir dürfen nicht sagen: «Heute bin ich zu müde, es geht auch mal so.» Genau so wie wir uns morgens an- und abends ausziehen, genau so müssen wir den Satz vor uns hinsagen: «Mit jedem Tage geht es mir in jeder Hinsicht immer besser und besser.» Dies muß regelrecht zum An- und Auskleiden gehören; wenn es so weit ist, haben wir gesiegt.

15. FEHLERQUELLEN

Ich bitte meinen Leser in seinem Interesse, sich durch Rückfälle in keiner Weise entmutigen zu lassen. Nach meiner Erfahrung treten Rückfälle im Anfang bei den meisten Menschen auf, welche sich der bewußten Autosuggestion bedienen. Freilich habe ich auch Erfolge erlebt, sogar in sehr schweren Fällen, die ohne jeden Rückfall ins alte Leiden erhalten blieben.

Bei näherer Betrachtung ist der Rückfall durchaus verständlich. Die Coué-Methode betreiben, heißt umdenken lernen. Wenn wir jahrelang oder gar ein ganzes Menschenalter hindurch in einer gewissen Richtung gedacht haben, so ist es begreiflich, daß wir nicht in 14 Tagen entgegengesetzt denken lernen können. Hier führt Ausdauer zum Ziel. Zum besseren Verständnis folgendes Beispiel:

> Wir bepflanzen im Garten ein Beet mit Astern, und nach 14 Tagen oder drei Wochen entdecken wir, daß zwischen unseren Astern Unkraut hervorwächst. Wer nun etwas vom Gartenbau versteht, wird sich durchaus nicht darüber aufregen, sondern das Unkraut entfernen. Jedoch nach weiteren drei Wochen finden wir dasselbe Bild, wieder kommt überall Unkraut zum Vorschein. Das Bild ist jedoch nicht ganz dasselbe, denn die Astern sind inzwischen auch stärker geworden. Wir reißen also wiederum das Unkraut heraus, und nach weiteren drei Wochen können wir uns überzeugen, daß auch das Unkraut nicht müßig gewesen ist, wir also gezwungen werden, nochmals zu jäten. Und so geht das lustig weiter. Aber eines schönen Tages sind unsere Astern so stark geworden und haben sich so ausgebreitet, daß für das Unkraut kein Platz mehr vorhanden ist. Die Astern beherrschen jetzt das ganze Beet.

Genau so geht es in uns selbst zu. Unsere guten Gedanken sind die Edelgewächse, wie bei diesem Beispiel die Astern. Es ist doch ganz logisch, daß auch hier das Unkraut nicht ganz fehlen kann. Wir wären aber sehr schlechte Gärtner, wenn wir uns hierdurch irgendwie aus der Ruhe bringen ließen. Wir wissen, daß es nicht anders sein kann und daß wir durch fleißiges Jäten der Edelpflanze bestimmt zum Siege verhelfen. Wer mich jetzt recht verstanden hat, wird sich nicht mehr so leicht aus der Ruhe bringen lassen und als guter Gärtner im Garten seiner Seele immer und immer wieder unverdrossen das Unkraut und die Giftpflanzen entfernen. Das Ganze ist nur ein Rechenexempel, und wer dauernd die guten Gedanken pflegt und die schlimmen vernichtet, muß schließlich dahin kommen, daß er von den guten Gedanken erfüllt wird, und alles, was uns erfüllt, wird Wirklichkeit. Lassen wir uns also nicht entmutigen, wenn immer wieder Unkraut emporwuchert, mit der Zeit werden die guten Gedanken so mächtig werden, daß in der Tat kein Platz mehr für schlimme ist. Die Coué-Methode gleicht gewissermaßen den modernen Gartenhandwerkszeugen, die uns das Instandhalten unseres Gartens wesentlich erleichtern. Unbedingt nötig ist allerdings Zähigkeit und Ausdauer. Jeder, der Pflanzenliebhaber ist, weiß ja, daß die Pflanze eine dauernde liebevolle Pflege nötig hat, und je edler die Pflanze, um so mehr Pflege bedarf sie. In unserer Gedankenwelt ist es genau so; schlimme Gedanken brauchen wir wahrhaftig nicht zu pflegen, sie sind ebenso unverwüstlich wie Unkraut.

Hier möchte ich gleich erwähnen, daß ich oft Gelegenheit habe, zu beobachten, daß es nach einem Rückfall dem Betreffenden besser geht als zuvor. Dies ist eine interessante Feststellung. Jede wirkliche Krankheit des Körpers oder der Seele hat einen aufgepfropften Teil, und dieser aufgepfropfte Teil besteht aus Einbildung. Oft, sehr oft überwiegt der aufgepfropfte Teil die wirkliche Krankheit um ein Vielfaches. Wenn also die wirkliche Erkrankung aus einem Teil besteht, und der Teil der Erkrankung, welcher auf die Einbildung zurückzuführen ist, aus neun Teilen, so kann man verstehen, warum so fabelhafte und schnelle Erfolge erzielt werden. Wir müssen uns darüber klar werden, welch schreckliche Rolle die Furcht in unserem Leben spielt. Sobald ein Mensch erkrankt, körperlich oder seelisch, erfaßt ihn in der Regel die Furcht, und die Furcht ist es, die das Leiden um ein Zehnfaches und oft um noch mehr vergrößert. Wir empfinden also alles Unangenehme, welches unser Leiden mit sich bringt, zehnmal so stark, als es eigentlich nötig wäre. Kommt nun ein solcher Mensch in meinen Zirkel und es gelingt mir, ihn von seiner Furcht zu befreien, so stürzen im Nu neun Zehntel seiner Leiden zusammen; er fühlt sich wie neugeboren, weil eben nur noch ein Zehntel, d. h. sein wirkliches körperliches oder seelisches Leid, zurückgeblieben ist. Versetzen wir uns einmal in die Seele eines solchen Menschen. Zuerst ist natürlich alles Jubel in ihm, da er nur noch ein Zehntel seines bisherigen gewohnten Leidens empfindet. Dieses Zehntel wird im Anfang gern und leicht übersehen, weil er glaubt, daß es ebenso schnell verschwinden muß wie die übrigen neun Zehntel. Leider weiß er nicht, daß dieses eine Zehntel organisch oder seelisch bedingt ist, also den wirklichen Teil seiner Krankheit ausmacht – und deswegen gar nicht so schnell verschwinden kann wie die neun Zehntel. Er schwört also vorläufig auf die Coué-Methode, doch dauert dies oft gar nicht lange. Er entdeckt nämlich mit Schrecken, daß dieses verwünschte Zehntel nicht so schnell verschwindet, wie er gedacht hatte. Was geschieht nun?

Die Furcht, welche er schon verloren hatte, kommt wieder. Diese Furcht jedoch zaubert erneut die unangenehmsten Bilder in seine Seele und vergrößert im Nu sein Leiden auf das Zehnfache, d. h. er hat einen Rückfall. Wir wissen aber aus Erfahrung, daß eine Suggestion, d. h. eine Glaubensart oder -richtung, eine Einbildung, wenn sie erst einmal in Bewegung gesetzt worden ist, indem wir uns damit erfüllten, nicht ohne weiteres ausgeschaltet werden kann. Man kann dies ja sehr leicht an Zwangsgedanken feststellen. Es ist also selbstverständlich, daß auch gute Einbildungen nicht ohne weiteres aufhören können zu wirken. So lernen wir verstehen, wie es möglich sein kann, daß ein Leidender sich nach seinem Rückfall, oft sogar nach einem sehr schweren Rückfall, besser fühlt als vor demselben. Freilich ist dies nur dann möglich, wenn der vom Rückfall Betroffene sich nicht einschüchtern läßt, vielmehr die Coué-Methode weiterbetreibt. Trotz des Rückfalles müssen ja die einmal in Bewegung gesetzten guten Suggestionen oder Einbildungen weiterarbeiten, und so geschieht es, daß es uns nach einem Rückfall weit besser geht, als vor demselben.

Wenn freilich der vom Rückfall Betroffene sich erschrecken läßt und den Mut verliert, so werden seine schlimmen Einbildungen sehr bald die guten überwuchert und erstickt haben. Das gute Bild der Gesundung muß dann von den Furchtbildern der Krankheit und Verzweiflung erdrosselt werden. Wird aber die Coué-Methode fortgeführt, so werden die guten Bilder unterstützt und genährt, bis sie wieder die Oberhand haben. Die Rückfälle treten in der Regel immer seltener ein, werden immer schwächer, bis sie vollkommen ausbleiben. Dann hat der Mensch die Gewohnheit angenommen, richtig zu denken.

Der Fehler, der am häufigsten gemacht wird, ist zweifellos Willensanstrengung. Aus der Sehnsucht heraus, seine Krankheit loszuwerden oder seinen Mißerfolg zu überwinden, macht der Mensch gar zu leicht Willensanstrengungen. Wir müssen bei der Anwendung der bewußten Autosuggestion jede Anstrengung überhaupt vermeiden. Je gelassener und hoffnungsfreudiger wir in unserem Inneren sind, um so rascher wird sich der gewünschte und ersehnte Erfolg einstellen.

Die relativ oft eintretenden raschen Erfolge müssen wir immer als Ausnahmeerscheinungen betrachten. Für gewöhnlich bedarf es der Ausdauer. Wenn Sie aber, lieber Leser, Ausdauer besitzen, werden Sie bestimmt Erfolg haben. Die Suggestion ist einer Naturkraft gleichzusetzen, welche zwangsläufig wirkt – Ursache und Wirkung.

Ein anderer Fehler liegt darin, daß wir Menschen oft und gern analysieren, d. h. wir zerbrechen uns häufig den Kopf über die Art unseres Leidens. Das muß vermieden werden. Man gehe zum Arzt und überlasse diesem die Feststellung und Behandlung des Leidens. Je mehr man über seinen Zustand grübelt, je mehr man darüber spricht, um so mehr vertieft man naturgemäß die Krankheitsvorstellung und erfüllt sich mit Krankheitsgedanken. Alles, was uns erfüllt, muß sich verwirklichen.

Ein weiterer Fehler ist die fortgesetzte Beobachtung der Besserung, d. h. man versucht täglich festzustellen, ob und wie weit die Coué-Methode geholfen hat. Je mehr man dies tut, um so länger wird man auf den Erfolg warten müssen. Die Suggestion braucht zur Entfaltung ihrer Wirksamkeit ebenso Ruhe und Zeit wie das keimende Samenkorn. Wer erinnert sich nicht an seine Jugend, als er gesteckte Bohnen in den nächsten Tagen wieder ausgrub, um den Fortschritt des Wachstums zu beobachten? Diese Bohnen konnten nicht wachsen. Ein solches Vorgehen beweist ja nur unsere Zweifel, und der Zweifel muß den Erfolg zerstören. Man vergesse nicht, daß sich nicht jede Suggestion umgehend verwirklichen kann. Es wäre falsch in einem solchen Falle, den Mut zu verlieren.

So sagt Dr. med. Mohr: «... daß sich die Heilsuggestionen in nicht wenigen Fällen erst verhältnismäßig spät, oft zu einer Zeit verwirklichen, wo weder der Arzt noch der Patient die Verwirklichung noch erwartet haben, manchmal nach Tagen und Wochen.»

Wie Zweifel und Selbstbeobachtung den Erfolg verzögern können, dafür folgendes Beispiel: Eine Dame besuchte meinen Zirkel. Sie litt im Gesicht seit mehreren Jahren an einem lästigen Hautausschlag.

Der Erfolg schwankte in den ersten drei Wochen, einmal ging es vorwärts und dann wieder rückwärts. Nach drei Wochen sagte mir diese junge Frau: «Herr Lambert, es ist eigentümlich, ich kann jetzt stundenlang, ohne Schmerzen und ohne zu ermüden, laufen, vor drei Wochen konnte ich das nicht, da war ich nach einer Viertelstunde vollkommen fertig. Dabei habe ich an meine Füße gar nicht gedacht.» Da sagte ich ihr: «Wenn Sie es mit ihrem Hautausschlag im Gesicht genau so machen, d. h. wenn Sie nicht fortgesetzt an den Spiegel laufen, um nachzusehen, ob der Ausschlag verschwindet, dann werden Sie sehen, wie rasch die Heilung einsetzen wird.» Diese Frau befolgte meinen Ratschlag, und es dauerte nicht mehr sehr lange, so war der Hautausschlag verschwunden. Vergessen Sie nicht, lieber Leser, daß die drei goldenen Worte «in jeder Hinsicht» lauten; das ist durchaus wörtlich zu nehmen, d. h. seelisch, körperlich und wirtschaftlich. Man beachte, daß bei dieser Frau die Füße rasch gesundeten, obgleich d. h. weil sie gar nicht an sie gedacht hatte. Die drei Worte *in jeder Hinsicht* haben sich in diesem Fall wieder bewährt, während das ständige ängstliche Nachprüfen des Gesichtsausschlages genau das Gegenteil bewirkte und eine Heilung nicht zuließ, bis die Frau hiervon Abstand nahm. Wer raschen Erfolg haben will, beobachte sich nicht.

Leider sind wir Menschen für gewöhnlich so eingestellt, daß wir alles Gute bezweifeln und mit großem Mißtrauen betrachten. Hat jemand beispielsweise durch die Anwendung der Coué-Methode einen schönen Erfolg zu verzeichnen, geht es ihm also gut, so freut er sich nicht etwa harmlos darüber, sondern er denkt: «Na, hoffentlich bleibt das so», oder er denkt: «Wo wird es denn jetzt wieder losgehen?» Ein Rückfall ist die Antwort auf solche Denkweise. Wenn es uns gut geht, so sollen wir uns darüber freuen und denken, es wird uns noch weit besser gehen. So ist es richtig. Mißtrauen und Zweifel lasse man weg und stütze sich voller Vertrauen auf den Satz: «Der Geist beherrscht den Stoff.»

Ich wiederhole, daß wir in der Anwendung der Methode hart mit uns sein müssen. Wir dürfen keine Müdigkeit vorschützen. Wir müssen den Satz: «Mit jedem Tage geht es mir in jeder Hinsicht immer besser und besser» unbedingt jeden Morgen und jeden Abend vor uns hinsagen, so wie ich es schon geschildert habe. *Wenn dies unverbrüchlich jeden Morgen und jeden Abend geschieht, so ist das zu vergleichen mit dem stetig fallenden Tropfen, der den Stein höhlt.*

Wer den Glauben noch nicht aufzubringen vermag, muß diese Methode erst recht durchführen. Durch die ständige Behauptung uns selbst gegenüber, daß es uns mit jedem Tag in jeder Hinsicht immer besser und besser gehe, erreichen wir schließlich, daß wir dies wirklich glauben. Eine Annonce, die beim ersten Lesen einen unglaubwürdigen, vielleicht sogar lächerlichen Eindruck macht, kann durch ständige Wiederholung den Glauben in uns erwecken, daß doch etwas daran sein muß, und uns zum Kauf veranlassen. Genau so geht es uns mit dem Satz: «Mit jedem Tage geht es mir in jeder Hinsicht immer besser und besser.» Manchem kommt dieser Satz auch unglaubwürdig vor. Aber wenn wir diese Behauptung uns gegenüber ständig aufrechterhalten, indem wir die Methode gewissenhaft und pünktlich betreiben, so wird dennoch unser Glaube rege. In diesem Moment setzt auch der Erfolg ein. *Also gegen das Nicht-glauben-können hilft nur Ausdauer, die ständige Wiederholung, die ständige Behauptung.*

Man verfalle auch nicht in den Fehler, zu glauben, die Anwendung der Coué-Methode sei schwer. Ebensowenig darf man den Glauben aufkommen lassen, daß ein langjähriges Leiden lange Zeit zur Heilung benötige. Da Glaube schöpferische Kraft ist, würde man sich die Anwendung der Coué-Methode unnötig erschweren oder sich dazu verurteilen, unnötig lange auf den Erfolg warten zu müssen.

Sodann möchte ich den Schüler der Coué-Methode warnen, vorzeitig zweiflerischen und spöttischen Menschen bekanntzugeben, daß er die Coué-Methode betreibt. Je mehr er sich im Anfang hierüber ausschweigt, um so besser. Sonst läuft er Gefahr, daß sein Glaube durch Spott und Zweifel anderer ins Wanken gerät. Erst dann, wenn er nachweislich an sich selbst einen Erfolg erlebt hat, kann er getrost der Wahrheit die Ehre geben. Ja, noch mehr, dann hat er sogar die moralische Pflicht, es zu tun, damit auch anderen der Weg gewiesen werde. Einen Erfolgreichen kann kein Zweifler und Spötter mehr irremachen.

Es gibt oft Menschen, die der Meinung sind, die Coué-Methode sei ganz gut und helfe auch, aber *ihr* Leiden sei kompliziert und so alt, daß eine Hilfe durch diese Methode gar nicht oder nur schwer möglich sei. Eine solche Einstellung ist verfehlt. Ich weise darauf hin, daß wir alle, ohne Ausnahme, den gleichen Gesetzen unterliegen. Was bei einem möglich ist, muß auch beim anderen möglich sein.

16. ANWENDUNGSMÖGLICHKEITEN

Da, wie ich schon früher ausgeführt habe, alles, was uns seelisch beeinflußt, Suggestion ist, ergibt sich von selbst, daß die Suggestion bei allen Vorgängen in unserem Leben eine *entscheidende* Bedeutung hat. Unsere Aufgabe ist es, uns dessen bewußt zu werden, damit wir den hierin verborgenen Gefahren begegnen können und lernen, unsere Fähigkeiten voll zu entwickeln, Mangelhaftes auszugleichen, bestehende Schäden nach Möglichkeit zu beseitigen, um durch eine derartige Selbsterziehung unser Leben zu meistern. Es ergibt sich weiter, daß alle Gebiete des Lebens davon betroffen werden. Überall dort, wo eine falsche oder gar gefährliche Suggestion von uns Besitz ergriffen hat, können wir von einer ungesunden Einstellung unseres Glaubens sprechen, ganz gleich, ob es sich um das seelische, körperliche oder wirtschaftliche Gebiet handelt. *Derartige ungesunde Einstellungen bekämpfen wir erfolgreich durch die Anwendung der bewußten Autosuggestion.* So vielseitig wie das Leben ist, so vielseitig sind auch die Möglichkeiten ungesunder Einstellung, aber glücklicherweise auch die Abwehrmöglichkeiten durch die bewußte Autosuggestion. Sie ist die beste Waffe im Lebenskampf und *überall* verwendbar.

Einige Hauptanwendungsgebiete werden in den nachfolgenden Kapiteln besonders behandelt, hier soll nur an Hand einiger Beispiele gezeigt werden, wie vielfältig und verschieden die Anwendung der bewußten Autosuggestion sein kann. Wir wissen, daß die Sonne für uns Menschen unbedingt nötig ist. Menschen, Tiere und Pflanzen sind auf die Sonne angewiesen. Dennoch werden wir die lebenspendende Kraft der Sonne bei weitem besser ausnutzen können, wenn wir uns hierzu der Autosuggestion bedienen. Ich will damit sagen, daß wir gerade hier die bewußte Autosuggestion mit großem Erfolg anwenden können. Die Anwendungsform ist hierbei folgende: Man setze sich in die Sonne und lasse sich bestrahlen. Nun erfüllt man sich mit dem

Gedanken, welch unerhörten Machtfaktor, welch außerordentliche Kraftquelle die Sonne darstellt. Man stellt sich vor, wie die Sonnenstrahlen in uns eindringen und ihre lebenspendende Kraft abgeben. Man gibt sich mit Leib und Seele den Einwirkungen der Sonne hin und erfüllt sich mit dem Gedanken, daß die Kraft der Sonne alles Schlechte in uns vernichtet. Auf diese einfache Weise verbinden wir die an sich gewaltige Macht der Sonnenkraft mit der gewaltigen Macht der Autosuggestion. Eine Viertelstunde bewußt die Sonne genossen, hat bei weitem mehr Wert, als ein paar Stunden gedankenlos im Sonnenschein umherzulaufen.

Auch wissen wir, daß wir ohne Essen und Trinken nicht leben können. Die bewußte Autosuggestion kann uns helfen, Speise und Trank mit großem Nutzen einzunehmen. Je bewußter wir Menschen essen, also je klarer wir uns beim Essen sind, daß die genossene Nahrung in uns neue Lebenskräfte und Lebensströme erzeugt, um so mehr wird die Nahrung in der Tat ausgenutzt. Sehr wünschenswert wäre es, wenn wir uns während der Mahlzeit das Unterhalten sowie die Unsitte des Lesens abgewöhnen würden. Die wenigsten haben es sich schon klargemacht, was das Essen für uns eigentlich bedeutet. An sich ist dieser Vorgang wunderbar. Wir essen z. B. eine Kartoffel, und diese verwandelt sich in uns in Kraft. Je bewußter wir aber den Vorgang des Essens vornehmen, um so mehr wird jene Kartoffel uns Kraft spenden. Dazu erfülle man sich noch mit der Vorstellung, daß die uns zugeführten Lebenskräfte die Abwehrkräfte unseres Körpers stark erhöhen und hierdurch wiederum alles Schlechte vernichtet und ausgeschieden wird. Wir werden dann von unserer Nahrung einen weit größeren Nutzen haben, als wenn wir uns die Speisen gedankenlos einfüllen.

Als drittes und letztes Beispiel nenne ich das Atmen. Wir wissen, daß eine gut ausgeführte Atemtechnik unserem Körper weit mehr Sauerstoff zuführt als lässiges Atmen. Wir wissen ferner, daß wir eventuell einige Tage ohne Speise und Trank existieren können, aber nicht 10 Minuten ohne Luft. Trotzdem wird das Atmen viel zu wenig beachtet. Wenn man sich draußen in frischer Luft befindet, stelle man sich beim Einatmen vor, daß man sich mit frischer Kraft erfüllt. Dann stelle man sich weiter vor, daß sich diese eingeführte Kraft auf den ganzen Körper verteilt. Beim Ausatmen hingegen erfülle man sich mit dem Gedanken, daß alles Schlechte ausgeschieden wird.

Wir sehen, daß man die bewußte Autosuggestion ausgezeichnet mit wichtigen Lebensvorgängen verbinden kann. Durch diese Verbindung aber erhöht sich der Nutzen dieser Vorgänge gewaltig. Wir haben es hier mit bedingten Suggestionen zu tun, auf die ich im folgenden Kapitel näher eingehen werde.

17. BEDINGTE SUGGESTIONEN

Bedingte Suggestionen spielen im menschlichen Leben eine viel größere Rolle, als man denkt. Leider wirken sie sich oft zu unseren Ungunsten aus. Wenn wir aber das Wesen der bedingten Suggestionen erkennen, so können wir sie zu unseren Gunsten anwenden. Das Wesen der bedingten Suggestion möchte ich in folgenden Satz kleiden: «*Wenn* das und das geschieht, *dann* hat das auf mich die und die Wirkung.» Also, aus dem Leben gegriffen: «*Wenn* ich einen Ball besuche, *dann* bekomme ich eine Migräne», oder aber: «*Wenn* ich dies oder jenes esse, *dann* wird mir schlecht.» Durch diese «Wenn-dann-Suggestion» kopple ich zwei Ereignisse fest zusammen. Das eine zieht das andere nach sich. Diese Art Suggestion ist unendlich häufig. Wir können diese bedingte Suggestion aber auch bewußt zum Guten anwenden. Beispielsweise: «*Wenn* ich die mir vom Arzt verschriebene Medizin gewissenhaft einnehme, *dann* gesunde ich.» In diesem Falle verstärken wir die Wirkung des Medikaments durch die Macht der Suggestion. Umgekehrt hat es wenig Sinn, ein Medikament zu sich zu nehmen und gleichzeitig zu glauben: «Es hat ja gar keinen Zweck, daß ich das einnehme.» Durch diese negative Einstellung können wir sehr leicht die günstige Wirkung des Medikaments aufheben. Ja, es kann so weit gehen, daß, wenn ein Patient glaubt, ein Medikament bringe ihm Schaden, er wirklich Schaden davonträgt. Nicht etwa weil dieses Medikament schädlich ist, sondern weil der Patient glaubt, es sei schädlich.

Es gibt Menschen, denen es schwerfällt, direkt über den Weg der geistigen Erkenntnis zu glauben. Diesen fällt es leichter, die bedingte Suggestion anzuwenden. Man kann in solchen Fällen die bedingte Suggestion als «Eselsbrücke» benutzen und auf diese Weise sehr beachtliche Resultate erzielen. Es ist ja immer wieder der Glaube, der das letzte Wort spricht.

Wie weit die Wirkung bedingter Suggestion geht, erzählt uns Dr. med. Erwin Liek in «Das Wunder in der Heilkunde» von sich selbst: «Im Alter von neun oder zehn Jahren litt ich an zahlreichen Warzen an den Händen. Gelegentlich eines Ferienbesuchs auf dem Lande machte die Magd meiner Verwandten eine Sympathiekur, d. h. sie nahm einen Zwirnsfaden, machte dicht über jeder Warze einen Knoten, so daß schließlich der Zwirnsfaden einige zwanzig Knoten aufwies. Nun wurde der Faden unter der Drippe vergraben, d. h. an der Stelle, wo der Regen vom Dache den Boden erreicht. «Wenn der Faden verfault sein wird», so sagte die Magd, «dann werden auch die Warzen weg sein.» So war es in der Tat, nach sechs Wochen hatte ich, ohne weiteres zu tun, sämtliche Warzen spurlos verloren.»

In meinen Zirkeln erlebte ich eine sehr drollige Sache:

In den Jahren 1922 bis 1931 fanden die Zirkel in meinen Privaträumen statt. Wegen der besseren Ventilierung ließ ich die Decke durchbrechen und dort einen Ventilator einbauen. Dieser Ventilator konnte reguliert werden, d. h. ich konnte ihn schneller und langsamer laufen lassen. Bei schnellem Lauf verursachte er naturgemäß mehr Geräusch, und so ergab es sich von selbst, daß, wenn ich zu meinem Vortrag kam, ich den Ventilator auf geringste Geschwindigkeit einstellte, damit das Geräusch mein Reden nicht störte. Nun war unter meinen Besuchern ein Herr, der sehr wohl beobachtete, daß ich mir mit dem Einstellen des Ventilators zu schaffen machte, und der wohl auch die verschieden starken Geräusche festgestellt hatte. Er vermutete nun, daß dort oben in der Decke ein Heilapparat eingebaut sei und glaubte, daß dieser Apparat ihm die Schmerzen nähme, was er mir mitteilte. In der Tat, seine Schmerzen verschwanden, der Ventilator wirkte ganz ausgezeichnet. Dadurch erfuhr ich erst, was für einen wertvollen Ventilator ich besaß.

Es kommt öfters vor, daß Zirkelbesucher mich nicht verstehen und annehmen, ich habe irgendwo heimlich Heilapparate eingebaut, denn nur so können sie sich manchmal die geradezu erstaunlichen Erfolge erklären. Das ist bedauerlich. Ich erwarte und verlange von meinen Besuchern, daß sie lernen, die in ihnen liegende Macht richtig anzuwenden. Mit Heilapparaten, Medikamenten usw. habe ich nicht das mindeste zu tun, ich bin lediglich Erzieher.

Bedingte Suggestion kann man beispielsweise in folgender Form anwenden: «*Wenn* ich jeden Tag eine Stunde spazieren gehe, *dann* wird sich mein Gesundheitszustand immer mehr und mehr bessern, bis ich vollkommen gesund bin.» Bei einer derartigen Anwendung wird man die an sich unbedingt bestehende gute Wirkung eines Spazierganges an der frischen Luft noch wesentlich unterstützen durch die Macht des Glaubens, d. h. der Suggestion. Oder: «*Wenn* ich den Anordnungen meines Arztes gewissenhaft Folge leiste, *dann* werde ich bestimmt gesund.» Auf diese Weise unterstützt der Patient die Arbeit des Arztes wesentlich. Voraussetzung hierfür ist natürlich, daß der Patient volles Vertrauen zu seinem Arzt hat. Ich überlasse es meinen Lesern, sich selbst ähnliche Wege zu suchen, wenn sie es nicht fertigbringen sollten, auf direktem Wege, d. h. durch die Erkenntnis, daß der Geist den Stoff beherrscht, und durch das unbedingte Vertrauen auf den Geist zum vollen Erfolg zu kommen. Aus diesem Grunde gönne ich auch jedem seinen kleinen Aberglauben, solange dieser eine bedingte Suggestion im günstigen Sinne enthält. Wie zum Beispiel: Scherben bringen Glück, Roßkastanien in der Tasche vertreiben Rheuma, juckt die linke Hand, empfängt man Geld, usw.

Doch warne ich vor bedingten Suggestionen schlechten Inhalts. Derartige Suggestionen sind sofort abzustellen. Man wird ruhig ein wenig Zugluft aushalten können, ohne Schaden zu nehmen. Sollte jemand bei Besuch eines Balles, eines Theaters, eines Konzertes usw. zu Migräne neigen, so muß das in Zukunft anders werden. Man muß ruhig unternehmen können, was man sich vernünftigerweise zumuten kann, ohne dadurch nachteilige Wirkungen hervorzurufen. Bei richtiger Einstellung ist dies selbstverständlich. Eine sehr weit verbreitete bedingte Suggestion ist die, daß das Alter notwendigerweise Krankheiten mit sich bringen müsse. Die Menschen verbittern sich vielfach das Alter, indem sie meinen, daß sie infolge ihres Alters Krankheiten wehrlos ausgeliefert seien. Eine solche Meinung setzt die Abwehrkräfte des Körpers stark herab. Wir müssen uns deshalb dazu erziehen – und zwar geschieht das am leichtesten durch Anwendung der Coué-Methode – auch im Alter Vertrauen zur Leistungsfähigkeit unseres Körpers zu haben.

Es ist bestimmt weder natur- noch gottgewollt, daß der Mensch, wenn er alt wird, auch krank werden muß. Man fürchte nicht mehr das Alter und halte den Glauben aufrecht, daß man bis zu seinem letzten Tage gesund, rüstig und froh sein wird. Sollte man der Meinung verfallen sein, sich infolge des Alters gegen Krankheiten nicht mehr wehren zu können, so kann ich nur raten, meinen Anweisungen Folge zu leisten und durch fleißige Anwendung der Coué-Methode einen entgegengesetzten Glauben in sich zu erzeugen. Man halte sich immer wieder vor Augen, daß der Geist den Stoff beherrscht. So ist auch das Alter kein Hinderungsgrund, gesund und froh zu werden. In meinen Zirkeln habe ich sehr viele alte Damen und Herren, und immer wieder erlebe ich es, daß auch bei den ältesten Menschen, z. B. bei den 90jährigen, herrliche Erfolge zu beobachten sind. Also weg mit der Furcht vor dem Altern und seinen unangenehmen Erscheinungen. Sehr wahr ist das Wort: «Der Mensch ist so alt, wie er sich fühlt.» Das Gefühl aber können wir auf dem Wege der Autosuggestion beeinflussen.

Bei Augenleiden aller Art habe ich oft mit großem Erfolg folgende bedingte Suggestion anempfohlen: Der Augenleidende streiche sich mit den Händen über die geschlossenen Augenlider. Hierbei kommt es darauf an, daß er *kindlich glaubt*, seine Augen würden nach und nach besser und besser, die Sehschärfe nähme zu usw., also nicht etwa darüber grübelt, wieso das möglich ist. Dieses Streichen der Augen wird morgens, mittags und abends vorgenommen, *wobei jede Willensanstrengung zu vermeiden ist*. Es genügen dazu etwa je zwei Minuten. Durch diese einfache bedingte Suggestion habe ich ausgezeichnete Erfolge beobachten können. Dasselbe gilt für die Ohren. Selbstverständlich lautet hier die Suggestion: «Ich höre immer besser und besser.»

Eine bedingte Suggestion, deren Anwendung schon manchem Zirkelbesucher von großem Nutzen gewesen ist und die ich schon an anderer Stelle angedeutet habe, ist die «gläserne Wand». Diese empfehle ich in erster Linie allen, die für diese Welt zu zart besaitet sind, oder sich in Situationen befinden, wo das Wort gilt: «Es kann der Beste nicht in Frieden leben, wenn es dem bösen Nachbarn nicht gefällt.»

Die Anwendung besteht darin, daß man jeden Tag ein paar Minuten verwendet, sich vorzustellen oder einzubilden, man sei rundum von einer sehr dicken kristallklaren Glaswand umgeben. Durch diese Glaswand dringe nur Gutes; alles Üble, Schlechte und Gemeine gleite außen ab. Jeder Mensch, der ein wenig Phantasie hat, ist in der Lage, sich der bedingten Suggestion: «Wenn ich von der Glaswand umgeben bin, kann mich nichts Schlechtes erreichen», zu bedienen. Wie gesagt, hat diese kleine Eselsbrücke schon manchem wertvolle Dienste geleistet.

Wer über die bedingte Suggestion ein wenig nachdenkt, dem wird manches im Leben klar werden; so manches, was anscheinend unverständlich ist, findet hierdurch eine Erklärung.

18. HUMOR

«Was uns aber am unmittelbarsten beglückt, ist die Heiterkeit des Sinnes: denn diese gute Eigenschaft belohnt sich augenblicklich selbst. Wer eben fröhlich ist, hat allemal Ursach es zu sein: nämlich eben diese, daß er es ist. Nichts kann so sehr, wie diese Eigenschaft, jedes andere Gut vollkommen ersetzen, während sie selbst durch nichts zu ersetzen ist. Einer sei jung, schön, reich und geehrt, so frägt sich, wenn man sein Glück beurteilen will, ob er dabei heiter sei; ist er hingegen heiter, so ist es einerlei, ob er jung oder alt, gerade oder bucklig, arm oder reich sei; er ist glücklich.

In früher Jugend machte ich einmal ein altes Buch auf, und da stand: ‹wer viel lacht ist glücklich, und wer viel weint ist unglücklich› – eine sehr einfältige Bemerkung, die ich aber wegen ihrer einfachen Wahrheit doch nicht habe vergessen können... Dieserwegen also sollen wir der Heiterkeit, wann immer sie sich einstellt, Tür und Tor öffnen; denn sie kommt nie zur unrechten Zeit; statt daß wir oft Bedenken tragen, ihr Eingang zu gestatten, indem wir erst wissen wollen, ob wir denn auch wohl in jeder Hinsicht Ursach haben, zufrieden zu sein; oder auch, weil wir fürchten, in unseren ernsthaften Überlegungen und wichtigen Sorgen dadurch gestört zu werden. Allein, was wir durch diese bessern, ist sehr ungewiß; hingegen ist Heiterkeit unmittelbarer Gewinn. Sie allein ist gleichsam die bare Münze des Glückes und nicht, wie alles andere, bloß der Bankzettel.» (Arthur Schopenhauer in seinen «Aphorismen zur Lebensweisheit».)

Solange wir noch Humor haben, beweisen wir eine gewisse Überlegenheit dem Geschehen gegenüber. Diese Überlegenheit quillt aus dem Geistigen, gleichgültig, ob bewußt oder unbewußt. Wer den Humor verliert, lebt nicht mehr im Geiste; er hat der Materie eine Herrschaft zuerkannt, die ihr gewiß nicht zukommt. Schon die einfache Tatsache, daß wir leben, ist etwas Herrliches. Aber noch weit einschneidender ist die Erkenntnis: Unser Leben ist ewig und unauslöschbar. Außerdem haben wir durch die Erkenntnis des Geistes und eine willige Unterordnung unter seine Gesetze Möglichkeiten, Dinge, die uns feindlich sind, zu überwinden. Ja, wir können lachen und brauchen den Humor wahrhaftig nicht zu verlieren.

Luther sagte so treffend: «Wenn der liebe Gott keinen Spaß verstünde, so möchte ich nicht in den Himmel.» Man sieht, Luther besaß Humor, und man hat ihm das Leben wirklich nicht leicht gemacht. Den Humor verlieren, heißt dem Schicksal gegenüber kapitulieren, heißt die Waffen strecken. Haben wir das nötig? Tausendmal nein. Wer verbittert, hat den Geist nicht verstanden, hat seine Aufgabe, die ihm das Leben stellte, nicht begriffen. Jedes Leid birgt einen goldenen Kern. Es ist gewiß nicht immer einfach, ihn herauszuschälen, aber es lohnt sich. Niemandem wird mehr aufgebürdet, als er tragen kann. Wird uns viel Leid gesandt, so ist dies ein Zeichen, daß auch viel Kraft in uns sein muß. Häufig ist es doch nur Unkenntnis, die einen Menschen verzweifeln und zusammenbrechen läßt. Nehmen wir einmal den Verlust des Vermögens, – ist es nicht sonderbar, darüber zu verzweifeln? Gleichen wir dann nicht dem kleinen Buben, welcher herzzerbrechend weint, weil man ihm seine über alles geliebten bunten Glaskugeln weggenommen hat? Er ist untröstlich, und wir «Erwachsenen» finden dies durchaus nicht tragisch. Nun – Geld und Geldeswert sind die bunten, schillernden Glaskugeln für die großen Kinder. Warum da weinen oder gar verzweifeln? – Es gibt noch mehr Glaskugeln, und außerdem sind sie gar nicht so wichtig – wenn sie auch schön sind. Dennoch gibt es unzählige Menschen, welche ihr Leben vertrauern wegen verlorener bunter Glaskugeln. Ist das Leben selbst nicht weit mehr? Wenn wir den Humor behalten, so behalten wir unsere Überlegenheit und somit weit mehr Möglichkeiten, wieder solche hübschen bunten Dinger zu erwischen – vielleicht sogar weit mehr, als wir je gehabt haben. Wir dürfen nur unser Herz nicht gar zu sehr daran hängen, – es heißt nicht umsonst: «Du sollst nicht andere Götter haben neben mir.» Wir treiben doch mit diesen bunten Glaskugeln einen unerhörten Götzendienst, den Tanz um das Goldene Kalb. Ist das nicht komisch? Wer Sinn für Humor hat, der muß doch lachen. Der beispiellose Ernst, der für den bunten Kram aufgebracht wird, wirkt doch geradezu erschütternd. Als ob dies der Sinn des Lebens sei. Wenn es so wäre, dann wäre es traurig. Wir werden alles haben, was wir benötigen, im Überfluß, wenn wir von diesem jammervollen Götzendienst lassen. «Er» soll unser Herr sein, das heißt: der Geist und nicht das Geld. Wir sollen gewiß keine Not leiden und darben, aber dies ist doch nur möglich, wenn wir seinen Gesetzen Folge leisten. Wer hat den Mut, zu behaupten, daß wir dies täten? Es gibt ja außer der Geldfrage noch genug andere Dinge, die ernster sind und uns Menschen Leid bringen.

Es ist immer leicht, Begründungen zu finden für eine Handlungsweise. Eine kleine Geschichte, die ich vor vielen Jahren in Bukarest erlebte (es wurde hierbei durchaus nicht gelacht, und dennoch schwebte ein köstliches Lachen über dieser Begebenheit), will ich jetzt berichten:

Wir gingen zu dritt über einen der großen Plätze Bukarests. Der eine von uns dreien, ein Herr B., übrigens aus Dresden, pflegte sonn- und wochentags einen Zylinder zu tragen. Ein Rumäne schien Anstoß an dem Zylinderhut zu nehmen, jedenfalls sagte er so im Vorbeigehen auf deutsch das Wort «Fatzke». Wir gingen schweigend weiter. Plötzlich fährt Herr B. hoch und fragt: Was hat der Herr gesagt? Da kam ihm erst die Bedeutung des schönen Wortes zum Bewußtsein. Wir hatten natürlich keine Ursache, ihm das Gehörte vorzuenthalten. Herr B. kehrt prompt um, holt den Rumänen ein und tippt ihm mit der Hand auf die Schulter, natürlich dreht sich der Herr um und bekommt in diesem Moment von Herrn B. eine gewaltige Ohrfeige. Daraufhin zog der Rumäne dankend seinen Hut, und auch Herr B. lüftete höflich seinen Zylinder, und beide gingen ihren Weg weiter. Bei dem ganzen Vorgang wurde kein Wort gesprochen, es war eine sehr ernste Angelegenheit, ein Ehrenhandel, niemand hat gelacht – aber in der Luft lag dennoch das köstliche Lachen.

So gibt es unendlich viele Dinge, welche äußerlich sehr ernst sind, aber – aber. Ich habe oft genug in meinem Leben das Pech gehabt, dann lachen zu müssen, wenn andere sehr ernst waren. Wie sagt doch Busch: «Wer sich freut, wenn wer betrübt – macht sich meistens unbeliebt.» Übrigens beklagt sich Lhotzky noch viel mehr über sein Lachenmüssen. Aber verlieren möchte er diese Eigenschaft nicht – ich auch nicht, man wirkt ja manchmal respektlos, zugegeben, aber wie der Wiener so schön sagt: «Da kann man nix machen.» Ich habe nur den einen Wunsch, hier und da einem Menschen die Augen zu öffnen: Warum weinst du, da du doch lachen kannst und sollst. Man sage mir nicht, es sei unmöglich; dieses kleine Wörtchen «unmöglich» streichen wir besser aus unserem Wörterbuch.

Viele sind sich der Bedeutung des Humors gar nicht bewußt, – sicher ist es, daß sich mit Humor alles weit leichter ertragen läßt. Es ist bestimmt besser, über sein Mißgeschick einen Witz zu machen, als die Ohren hängen zu lassen. Zynismus hat mit dem heiligen Lachen nichts zu tun. Es ist doch immer eine wahre Freude, mit Menschen zusammenzutreffen, die voll köstlichen Humors sind. Es gibt auch genug Witzbolde, die uns auf die Nerven fallen, das ist wieder etwas anderes. Albernheiten haben mit Humor wenig zu tun. So finden wir für gewöhnlich unter den großen Humoristen ernste Menschen, wie z. B. Wilhelm Busch.

Wer Coués Lehre richtig erfaßt, wird seinen Humor wiedergewinnen, falls er verlorengegangen sein sollte. Coué selbst besaß einen köstlichen Humor. «Ja», sagte Coué, «wenn mein System kompliziert und schwierig wäre, würden Sie mich zweifellos besser verstehen, – oder Sie würden glauben, mich besser zu verstehen.» Ist das nicht gut gesagt? Oder sein schöner Ausspruch: «Es ist eine Illusion, zu glauben, daß man keine Illusionen hat.» Jedenfalls besaß Coué einen so liebenswürdigen Humor, daß er schon allerhand sagen konnte, ohne daß es ihm übelgenommen wurde. In meinem Beisein hatte eine Dame die Taktlosigkeit, dem alten Meister zu sagen: «Was Sie da erzählen, glaube ich nicht.» Diese Dame gehörte zu den Überklugen, und es war vor allem der Ton, welcher verletzend wirkte. Coué blieb lächelnd stehen (die Szene spielte sich während der Rundfrage in seinem Zirkel ab) und sagte zu ihr: «Madame, wissen Sie, was ein Revolver ist? Ich nehme einmal an, Sie wüßten es nicht. Ich gebe Ihnen nun einen geladenen Revolver in die Hand und warne Sie gleichzeitig davor, das kleine Stückchen Eisen (den Abzug) da unten zu berühren. Tun Sie es dennoch, so wird sich zweifellos ein Schuß lösen, welcher Sie oder andere schwer verletzen könnte – ob Sie dies nun glauben oder nicht, ist hierbei belanglos.» Damit ging Coué ruhig weiter, und die Dame sah in diesem Augenblicke nicht sehr geistreich aus. Dieses Argument mit dem Revolver hat Coué übrigens auch in seinen Büchern verwandt. Coué verlor bei diesem unerwarteten Angriff seinen Humor nicht. Die Art, wie er dieser Dame die kleine Revolvergeschichte erzählte, war einfach köstlich. Es ist der Ton, welcher die Musik macht. –

Helfe ein jeder mit, daß ein wenig mehr echtes Lachen in diese Welt kommt, es gibt so schon übergenug Leisetreter. *Das Lachen, welches aus der Stärke eines Menschen geboren wird*, bedeutet Sonnenschein. Halten wir zäh den Glauben an diese Sonne fest, so wird sie auch uns scheinen. Deshalb: «Nur nicht den Humor verlieren.» Er hat einen viel ernsteren Hintergrund, als manche denken, und ist unser bester Weggenosse.

Mag kommen, was da will, wir haben das befreiende herzliche Lachen, den Humor. Er erlöst und gibt uns frischen Mut zum Kampf. Natürlich meine ich nicht ein hämisches, giftiges und verbittertes Lachen. Das ist kraft- und zwecklos und zeigt unsere Schwäche an. Ausgezeichnet hat Lhotzky über diesen Punkt geschrieben in seinem Buche «Das heilige Lachen». Wie recht hat Lhotzky, es ist wirklich ein heiliges Lachen, er hat aber auch recht, wenn er sagt, Mucker, Spießer und derartige Menschen wissen nichts vom heiligen Lachen. Ebensowenig ist es mit Geld zu erwerben, aber man kann es auch nicht fälschen, dieses wunderbare heilige Lachen. Freilich fällt es gewissen Menschen auf die Nerven, und das sogar sehr. Dem heiligen Lachen sind menschliche Einrichtungen, Rang und Würde durchaus nicht heilig. Es ist absolut unbestechlich. Glücklich ist der Mensch zu preisen, zu dem das heilige Lachen kommt, dieses Darüberstehen, das freilich nichts mit Selbstüberschätzung zu tun hat. Je mehr wir eins sind mit dem Geiste, um so mehr stehen wir über der Materie und über dem Geschehen, und um so mehr haben wir Grund zu diesem befreienden Lachen.

Übrigens ist der Mensch das einzige Lebewesen, welches lachen kann. Es kommt vor, sagt Lhotzky, daß ein Hund, welcher lange in menschlicher Gesellschaft lebt, lachen kann, aber das ist kein Lachen, sondern ein lächerliches Feixen. Wirklich lachen kann nur der Mensch. Das kann uns kein Tier nachmachen. Lhotzky weist darauf hin, daß wir unsere Mitmenschen sehr gut nach ihrem Lachen beurteilen können. Am Lachen erkennt man sowohl den Narren wie auch den Weisen – den Schuft und auch den Ehrenmann. Er sagt, daß das heilige Lachen seinen Ursprung in den Augen hat, die lachen zuerst, nicht der Mund. Wer das Lachen seiner Mitmenschen richtig zu werten weiß – weiß viel. Es dürfte aber gut sein, seine Kenntniss nicht immer preiszugeben.

Wenn ich vom Humor spreche, so meine ich dasselbe, was Lhotzky mit heiligem Lachen bezeichnet. Schließlich ist es gleichgültig, wie «es» genannt wird. Hauptsache ist, daß mein Leser mich versteht. An dem Pessimisten geht das heilige Lachen vorüber. Wer Humor besitzt, wird auch tolerant anderen gegenüber, indem er denkt: «Einen Vogel haben alle, einen Vogel hast auch du. Darum laß in jedem Falle Vögel anderer in Ruh.» Nur nicht den Humor verlieren, und wenn es Galgenhumor sein müßte, wie jener Verbrecher ihn besaß, der, als er im strömenden Regen zum Richtplatz geführt wurde, sagte: «Ein wahres Glück, daß ich bei diesem Wetter nicht wieder zurück muß.»

Heiliges Lachen schwebt über vielem, was der Philister und Pharisäer nicht versteht. Ach, da ist so manches, was gar ernsthaft gemeint ist und gerade deshalb viel Komik in sich birgt. Es gehört Mut dazu, in allen solchen Fällen die Komik aufzuzeigen. Denjenigen, welche das heilige Lachen kennen, brauche ich über diese Dinge nicht zu sprechen, und denjenigen, die es nicht kennen, wünsche ich von Herzen, daß sie es kennenlernen.

Geben wir zum Schluß dem deutschen Meister des Humors, Wilhelm Busch, das Wort.

«Es sitzt ein Vogel auf dem Leim,
er flattert sehr und kann nicht heim;
ein schwarzer Kater schleicht herzu,
die Krallen scharf, die Augen: gluuh.
Am Baum hinauf und immer höher,
kommt er dem armen Vogel näher.
Der Vogel denkt: Weil das so ist
und weil mich doch der Kater frißt,
so will ich keine Zeit verlieren
und noch ein wenig quinquilieren.
Und lustig pfeift er wie zuvor.
Der Vogel, denk ich – hat Humor.»

19. ALLERLEI WICHTIGES

Je mehr ich mich von meinem Leide verbittern lasse, um so weniger haben meine Autosuggestionen Aussichten auf Erfolg. Dann ist ja der Glaube an mein Leid so stark, daß es schwer hält, ihn durch den Glauben an eine Besserung und Heilung zu ersetzen. Wir benötigen eine innere Gelassenheit, auch wenn es uns noch so schlecht geht, um uns eben von dem Leid, das uns befallen hat, zu befreien. Wir wollen nicht den gefangenen Fischen gleichen, welche durch übermäßige Kraftanstrengungen sich immer mehr in das Netz verwickeln. Um bei diesem Bild zu bleiben: wir wollen doch lieber innere Ruhe bewahren, um eine Masche zu entdecken, die weit genug ist, uns hindurchzulassen. *Die innere Gelassenheit, welche aus der Erkenntnis der Überlegenheit des Geistes entspringt, ist der allerbeste Boden für angewandte Autosuggestion.* Wenn ich durch meine Schmerzen innerlich verbittert und voll Auflehnung bin, so ist es doch klar, daß ich in diesem Zustande der Verwirklichung der Suggestion: «Mit jedem Tage geht es mir in jeder Hinsicht immer besser und besser!» Hemmungen entgegensetze. Dem völlig verbitterten Menschen muß dieser Satz wie Hohn erscheinen. Sobald wir jedoch die Überlegenheit des Geistes anerkennen, können wir uns auch zu innerer Gelassenheit erziehen – am besten durch die Flüstertechnik –, und dann sind wir sehr wohl in der Lage, die Autosuggestion, daß es uns mit jedem Tag und in jeder Hinsicht immer besser und besser gehe, mit Erfolg anzuwenden.

Klagen Sie nicht, lieber Leser, weder über wirtschaftliches noch seelisches noch körperliches Leid. Je mehr Sie darüber sprechen, desto mehr erfüllen Sie sich gerade mit solchen Gedankengängen, die Ihnen nie und nimmer zum Segen gereichen können. Denn alles, was uns gedanklich erfüllt, muß Wirklichkeit werden, soweit es menschenmöglich ist. Weit besser ist es, auf Fragen: «Wie geht es Ihnen?» ruhig zu antworten: «Danke, gut!», und wenn man das nicht fertigbringt, wenigstens zu sagen: «Ich bin zufrieden.»

Merkwürdigerweise hört man oft den Einwand: «Ja, sind denn diese Heilungen auch von Dauer?» Hierzu sei festgestellt, daß die Dauerhaftigkeit des Erfolges durch unzählige Fälle bewiesen wurde. Außerdem möchte ich aber darauf hinweisen, daß hierbei sehr viel durch das Verhalten der betreffenden Person bedingt ist. Wer z. B. nach erlangtem Erfolg lässig wird in der Anwendung der Methode, hat nicht das Recht, sich über einen eventuellen Rückfall zu beklagen. Zur Erhärtung der Dauerhaftigkeit der Erfolge diene der Ausspruch Prof. Baudouins, der im Anschluß an die Schilderung verschiedener erfolgreicher Fälle fortfährt:

«Wir wählen gerade diese Beispiele, weil sie besonders auffallend sind; es gibt aber auch solche älteren Datums, deren Aufzählung zu weit führen würde, die den Beweis erbringen, daß solche Heilungen nachhaltig sind.»

Sehr wichtig ist es auch, die *Liebe* in Beziehung zur bewußten Autosuggestion zu betrachten. Wir wissen, daß die Liebe die einzige Macht ist, die schroffsten Gegensätze zu überbrücken. Die Liebe findet immer einen Weg der Güte. Mit Liebe betrachtet, sehen diese Welt, diese Menschen und die Begebenheiten ganz anders aus, als wenn wir dieselben Dinge mit haßerfüllten Augen anschauen. Die Liebe löst in uns den Glauben aus, daß es bei diesem oder jenem häßlichen Geschehen dennoch einen Weg der Verständigung, einen Weg der Güte geben müsse. Die Liebe sucht alles in Harmonie zu bringen. Sie löst immer den Glauben an das Gute aus. Hierin liegt ihre unendliche Kraft. Wir wissen, daß der Glaube an das Gute für uns Menschen von außerordentlicher Bedeutung ist. Der einzige Weg, zur wirklichen Harmonie, d. h. zum wirklichen Glück zu kommen, ist und bleibt die Liebe. Für gewöhnlich messen die Menschen mit zweierlei Maß. Die wenigsten würden wünschen, so behandelt zu werden, wie sie ihre Mitmenschen behandeln. Hier heißt es aber: gleiches Recht für alle. Ich gehe noch weiter und behaupte, daß die Liebe das einzig Wahre, das einzig Mögliche ist, um den Menschen auf die Dauer vom Übel zu erlösen. Die wahre Liebe verdammt nie, sie verzeiht, überbrückt und hilft. Wenn alle Menschen von Liebe erfüllt wären, dann hätten wir das Paradies auf Erden. Das wahre Glück kann der Mensch nur über den Weg der Liebe erringen. Zum Lieben gehört viel mehr Kraft als zum

Hassen. Die schöpferische, gestaltende Kraft unseres Glaubens wird durch unsere Liebe auf gute Wege gelenkt. Es heißt nicht umsonst: «Was du säst, das wirst du ernten.» Wer Haß sät, darf nicht Früchte der Liebe erwarten. Wir Menschen sind aber oft so töricht, daß wir Schlimmes säen und dabei ganz naiverweise das Gute erwarten. Lhotzky sagt: «Wer der Liebe dient, der dient Gott, und wer der Selbstsucht dient, der dient dem Teufel.» In diesem kurzen Ausspruch liegt alles. Ich erwähne aber noch einen anderen Ausspruch, welcher lautet: «Alles verstehen, heißt alles verzeihen.»

Mit Selbstgerechtigkeit und Selbstüberhebung können wir Menschen nichts erreichen. Da der Allgeist die Liebe selbst ist, müssen wir als Teil von ihm nach Liebe streben. Wir sind bestimmt zu freien Menschen geschaffen und nicht zu Knechtsnaturen. Wir haben uns selbst dazu erniedrigt durch unsere Furcht, unseren Haß, unseren Neid, durch Zwietracht, Gier usw. Nur die Macht der Liebe kann uns erlösen, weil eben die Liebe in uns den Glauben an das Gute erweckt. Glaube aber ist schöpferische, gestaltende Kraft. Jeder von uns will glücklich sein, dies ist aber nur möglich, wenn wir in Harmonie leben. Behandle deine Mitmenschen so, wie du selbst behandelt sein möchtest. Denke von deinen Mitmenschen so, wie du möchtest, daß sie von dir denken. Gedanken sind nicht zollfrei. Wir sind voll und ganz für unsere Gedanken verantwortlich.

Diese wenigen Zeilen über die Liebe werden dem Einsichtigen genügen; er wird sie verstehen. Ein langes Kapitel hierüber zu schreiben, verbietet der Platz; jedoch spielt die Liebe eine so wichtige Rolle im menschlichen Leben, daß ich sie nicht völlig übergehen konnte.

Ich möchte auch nicht vergessen, gerade an dieser Stelle darauf hinzuweisen, daß diejenigen, welche die gute Sitte haben zu beten, selbstverständlich erst, wie gewohnt, ihr Gebet verrichten sollen, um dann erst zu der Methode Coué überzugehen.

Schließlich möchte ich noch die *Dankbarkeit* erwähnen. Hierunter verstehe ich die Dankbarkeit dem Geiste gegenüber. Wenn wir schweres Leid durch die Macht des Geistes überwunden haben, so dürfen wir nicht undankbar sein. Die Werkzeuge, deren sich der Geist bedient, sind dabei nebensächlich. Es kann uns also Hilfe werden anscheinend durch einen Mitmenschen. Übersehen wir aber nicht, daß in diesem Falle dieser Mitmensch lediglich Werkzeug des Geistes war. Nicht nur dem Menschen sind wir Dank schuldig, sondern in erster Linie dem Geist. Undankbarkeit dem Geist gegenüber wird sich rächen. Zu dieser Dankbarkeit gehört es, daß, wenn wir von schweren Leiden befreit wurden, die Pflicht haben, auch anderen den Weg zur Befreiung zu zeigen. Es ist eine Selbstverständlichkeit, daß wir für das Erlebte einstehen, d. h., daß wir den moralischen Mut aufbringen, wahrheitsgemäß ohne jede Übertreibung das, was wir durch die Macht und die Güte des Geistes an uns selbst erleben durften, zu bekennen und auch anderen mitzuteilen. Leider gibt es noch allzuviel Menschen, die sich scheuen, ihre Erfolge bekanntzugeben. Dankbarkeit dem Geiste gegenüber ist die elementarste Pflicht eines jeden, der durch den Geist Erfolg gehabt hat. Sorgen wir dafür, daß wir uns zu einer gelassenen inneren Ruhe erziehen, daß wir diese Schöpfung mit Augen der Liebe ansehen und daß wir uns der Dankbarkeit dem Geiste gegenüber befleißigen.

Zusammenfassend möchte ich sagen, daß jeder, der die Coué-Methode gewissenhaft und richtig anwendet, gesetzmäßig Erfolg haben muß, soweit ein solcher menschenmöglich ist. Die Hauptsache ist, daß der Anwendende den erforderlichen schlichten Glauben in sich erzeugen lernt.

Entgegen der Auffassung der meisten Leidenden kann man auf Sondersuggestionen für gewöhnlich verzichten. In der Allgemeinformel: «Mit jedem Tage geht es mir in jeder Hinsicht immer besser und besser», sind die drei goldenen Worte enthalten: «in jeder Hinsicht.» In diesen drei Worten ist jede nur denkbare Sondersuggestion enthalten und macht daher besondere Formeln überflüssig. Wer aber trotzdem Wert darauf legt, sich selbst noch Sondersuggestionen zu geben, bedient sich hierzu am besten der Flüstertechnik und muß unbedingt auf die Ursachen Einfluß nehmen. In diesem Falle soll man sagen: «Die Ursachen meines Leidens verschwinden und damit auch mein Leiden.» Ob die Ursachen bekannt sind oder nicht, ist gleichgültig. Man entgeht dadurch der Gefahr, sich falsche Suggestionen zu geben. Wenn wir also zu Sondersuggestionen greifen, so müssen wir immer die Ursachen zu beeinflussen suchen, nicht etwa nur die Symptome.

Wichtig ist es auch, die Kunst zu erlernen, seine Aufmerksamkeit von unangenehmen Dingen bewußt abzuziehen.

Um zu zeigen, wie sehr solche Ablenkungen erwünscht sein können, folgendes Bild: Wir befinden uns in einer sehr ernsthaften Situation, in großer Toilette, angetan mit aller uns zu Gebote stehenden Würde. Da spüren wir einen heftigen Juckreiz zwischen den Schulterblättern. Abwehrmaßnahmen zu ergreifen, ist beim besten Willen nicht möglich. Unsere Aufmerksamkeit ist mit sehr unangenehmer Beharrlichkeit auf den Juckreiz gerichtet. Die notwendige Folge davon ist, daß derselbe in beängstigender Weise zunimmt und unerträglich zu werden droht. Wir können es kaum noch aushalten und müssen trotzdem in unserer würdevollen Haltung verharren. Da will es der Zufall, daß plötzlich neben uns eine Dame in Ohnmacht fällt. Wir sind aufs tiefste erschrocken und, oh Wunder, der Juckreiz ist spurlos verschwunden. Unsere bisher völlig von dem Juckreiz beanspruchte Aufmerksamkeit wurde mit einem Schlage von dem Vorfall neben uns gefangengenommen. Da uns nicht immer eine Dame zur Verfügung steht, die uns zu Gefallen in Ohnmacht fällt, um uns abzulenken, müssen wir uns erziehen, unsere Aufmerksamkeit von einer unerwünschten Sache bewußt abzulenken, und zwar durch die Kunst, unsere Einbildungskraft zu beherrschen, d. h. bewußte Autosuggestion zu betreiben. Durch die Schilderung der erwähnten Begebenheit vermochte ich manchem, der an dauerndem Juckreiz litt, einen guten Wink zu geben, wie er sich davon befreien kann.

Auf die Erkenntnis, daß durch Ablenkung der Aufmerksamkeit Schmerzen verschwinden, weist schon unser großer Philosoph Kant hin in seiner Schrift «Von der Macht des Gemütes, durch den bloßen Vorsatz seiner krankhaften Gefühle Meister zu sein.»

Hat man irgendeine Aufgabe im Leben zu bewältigen, so soll man zunächst prüfen, ob sie vernunftgemäß ist und von der inneren Stimme gutgeheißen wird. Ist dies der Fall, dann denke man, daß einem die Bewältigung leicht fällt.

Coué sagt: «Wenn Sie ihr Vorhaben für leicht ansehen, so wird es Ihnen in Wirklichkeit leicht, und zu seiner Ausführung werden Sie gerade nur die erforderliche Kraftmenge ausgeben. Wird dazu z. B. für zehn Pfennig Kraft erfordert, so werden Sie nicht für elf ausgeben. Wenn Sie dagegen Ihr Vorhaben für zwanzig- oder gar vierzigmal schwieriger ansehen, als es in Wirklichkeit ist, so wird die Kraftmenge, die Sie dafür ausgeben, nicht, wie oben geschildert, den Wert von zehn Pfennigen, sondern den von zwei oder vier Mark betragen. Daraus folgt: Wenn Sie alles, was Sie tun müssen, für schwierig halten, werden Sie bald zur Überanstrengung kommen. Betrachten Sie dagegen Ihre Aufgabe als leicht, so werden Sie am Abend nicht viel weniger frisch sein als am Morgen.»

Die Furcht vor der Wiederholung eines Nervenanfalles z. B. kann häufig weitere Anfälle erzeugen. Furcht ist Glaube, d. h. schöpferische Kraft, und zwar Glaube an das Schlimme.

Ich kann meinem Leser nur raten, jede Furcht abzustreifen, und das ist möglich durch Selbsterkenntnis, d. h. durch die Erkenntnis, daß unser Wesen geistiger Natur ist und daß der Geist den Stoff beherrscht. Deshalb sollen wir uns zu einem Glauben an das Gute in jeder Hinsicht erziehen.

Es geht mir auch so, wie es Coué gegangen ist; auch ich bekomme überaus viele Briefe, in denen mir die Absender ihre Beschwerden umständlich auseinandersetzen und mich fragen, was sie in ihrem besonderen Fall tun sollen. Coué äußerte sich hierzu:

«Derartige Briefe sind überflüssig. Da die Methode allgemeiner Art ist und sich mithin auf alles bezieht, habe ich keine besonderen Ratschläge zu geben, einerlei, wie die einzelnen Fälle nun beschaffen sein mögen.»

Wenn man die in diesem Buche gegebenen Ratschläge gewissenhaft befolgt und in Krankheitsfällen den Anweisungen des Arztes genau nachkommt, hat man alles getan, was in menschlichen Kräften steht, und so wünsche ich meinen Lesern recht baldige durchschlagende Erfolge in jeder Hinsicht.

20. DER WERT GEISTIGER ENTSPANNUNG

Im Laufe meiner Tätigkeit habe ich die Erfahrung gemacht, daß ich trotz klarster Darstellung hier und da mißverstanden worden bin. Durch Gegenüberstellung der Meinungen dreier auf diesem Gebiet bedeutender Männer, Trine, Mulford und Coué, möchte ich deshalb die Frage, wie man zu Erfolg und Wohlergehen kommt, von einer anderen Seite beleuchten.

Ich möchte darauf hinweisen, daß das, was Trine mit «in die Stille gehen» bezeichnet und Mulford mit dem Wort «Wachtraum», wesensgleich ist mit dem Zustand geistiger Entspannung. Besonders interessant ist die Feststellung, daß unser alter, verehrter Meister Coué durch seine Vorschrift, *wie* man bewußte Autosuggestion betreiben soll, das gleiche erreicht. Er verbietet uns strengstens, den Willen anzustrengen und verlangt zweitens, daß wir seinen Satz ganz monoton und langsam sprechen. Dadurch führt er denselben Zustand geistiger Entspannung herbei, ohne hiervon Aufhebens zu machen.

Trine antwortet in seinen Schriften auf die Frage nach einer Methode, die uns die Erfüllung unserer Wünsche bringen soll, folgendermaßen: «Ziehe dich jeden Tag einige Augenblicke *in die Stille*, in das Schweigen zurück, wo die Störungen dich nicht aufregen, die durch die Tore der Sinne eintreten. Dort in der Stille, allein mit Gott, versetze dich in eine empfängliche Haltung. Ruhig, aber mit fester Erwartung, wünsche, daß diese Erkenntnis (Einheit mit dem unendlichen Leben und der unendlichen Macht) dir aufgehe und von deiner Seele Besitz ergreife. Wenn das geschieht, so wird es sich deinem Geist kundtun, aber du wirst die Wirkung auch in deinem ganzen Körper verspüren. In dem Maß, als du dich diesen Wirkungen öffnest, wirst du eine ruhige, friedvolle und erleuchtende Kraft fühlen, die Leib, Seele und Geist in Harmonie miteinander und mit der ganzen Welt bringt. Jetzt bist du auf dem Gipfel des Berges, und die Stimme Gottes spricht zu dir. Wenn du dann wieder herabsteigst, so nimm diese Erfahrung mit dir. *Lebe in ihr*, wachend, arbeitend, denkend, wandelnd, schlafend. So wirst du, wenn auch nicht immer auf dem Gipfel, aber doch unaufhörlich in der Verwirklichung aller der Schönheit, Inspiration und Kraft leben, die du dort gefühlt hast.» Trine empfiehlt, mit friedvollem Geist und einem Herzen voll Liebe zu allen Wesen in die Stille seines Inneren zu gehen und den Gedanken «*Ich bin eins mit dem unendlichen Geist des Lebens*» recht festzuhalten. In dieser Gemütsverfassung sollen wir uns dem Gedanken der Gesundheit voll und ganz hingeben. Weiter führt er aus: «Wer sich einer solchen Betrachtung, Erkenntnis, Behandlung oder wie man es nennen will, zu bestimmten Zeiten, so oft er will, hingibt und dann *andauernd* in derselben Haltung seines Geistes beharrt, und es dadurch dieser Kraft ermöglicht, andauernd zu wirken, der wird überrascht sein, wie schnell der Körper aus dem Zustand der Krankheit und Disharmonie in den der Gesundheit und Harmonie übergeht.»

Wir sehen also eine starke Übereinstimmung mit unserer Auffassung, wenn auch in anderen Worten und Bildern.

Jetzt kommen wir zu *Mulford*. Er bringt in seinen Werken ein ganz ausgezeichnetes Kapitel über den praktischen «Wert der Träumerei».

Da heißt es: «In der Zeit des Wachens unaufhörlich zu denken, ist unnötig, eine aufreibende Gewohnheit, die zur Folge hat, daß eine gleiche Gruppe von Ideen bis zur Erschöpfung wiederholt wird. – Eine der erhabensten Quellen aller Macht und allen Heils ist die Fähigkeit, positive Gedanken nach Belieben auszuschalten, in vollkommener physischer Ruhe verharrend, einer Träumerei sich hinzugeben. Nur das Stückchen Landschaft zu sehen, das vor dem Auge schwimmt, oder leise, wolkige Bilder am Bewußtsein vorüberziehen zu lassen. Sechzig Sekunden der Träumerei sind sechzig Sekunden lebendiger Ruhe für Leib und Geist. Selbst in der niederen Region materiellen Erfolges wird *der* Sieger bleiben, dem es möglich ist, nach Willen zu ruhen, d. h. passiv zu werden und Gedanken nach Willkür aus sich wegzuweisen. Er hält die Zügel des Lebens, denn in den Momenten der Versunkenheit öffnet sich das Tor für neue Ideen, Pläne und Unternehmungen, die dann im wachbewußten Zustand still und zähe festgehalten, ihm die Erfüllung, die Realität bringen.

Die Menschen von heute sind alle atemlos, rasen jahraus, jahrein ein totes Rennen im Karussell der ewig gleichen Gedanken! Wie könnten sie in diesem abgehetzten Zustande auch nur fähig sein, Gelegenheiten wahrzunehmen, die auf ihrem Wege liegen; und wenn sie sie wahrnehmen, fehlt der Mut spannkräftigen Zugreifens.» – «Die kontemplative Stimmung (beschauliche Stimmung) ist die ausgeruhte Besatzung der Gedankenfeste. – Gehetzte, nervöse, stets ermüdete Menschen werden darum selten in irgend etwas hervorragen, sie sind nicht Magnete, die durch Ruhe arbeiten und durch jede Tat stärker werden, statt schwächer.» ...«Die hier liegenden Möglichkeiten sind unbegrenzt. Der Leib kann dazu gebracht werden, allen materiellen Einflüssen zu trotzen, jedes Organ kann zehnmal so viel Widerstandskraft gewinnen wie jetzt.»

Mulford warnt aber auch, indem er sagt: «Träumerei kann, wie jede andere Fähigkeit, übertrieben entwickelt werden ... Es muß ein Gleichgewicht hergestellt werden zwischen dem positiven und negativen Komplex der Kräfte. Der Mensch muß lernen, sich nach freier Willkür in den einen oder anderen Zustand zu werfen, wann, wo und auf wie lange es ihm beliebt.» – An anderer Stelle sagt er: «Glaube ist die Substanz des Gewünschten. Wenn wir im Geist ein Idealbild unseres Selbst tragen, das uns blühend, geschmeidig, stark und vollkommen dem inneren Auge zeigt, so setzen wir damit jene Kräfte in Bewegung, die uns in Wirklichkeit dazu machen ... Träumer vollbringen weit mehr, als die Welt ahnt ... Jede Imagination (Vorstellung) ist eine unsichtbare Realität; und je länger, je intensiver sie festgehalten wird, desto mehr von ihr wird sich in jene Form des Seins umsetzen, die man fühlen, sehen, berühren, kurz, mit den äußeren Sinnen wahrnehmen kann ... Wach – bei Tage – träume von Kraft und Gesundheit.»

Nun wenden wir uns unserem alten, verehrten Meister *Coué* zu, dem größten *Praktiker* all dieser Gedankengänge. Seinem Satze «Mit jedem Tage geht es mir in jeder Hinsicht immer besser und besser» fügt er hinzu: «Man führe diese Autosuggestion auf eine möglichst *schlichte, kindliche, mechanische* Art und Weise aus, also *ohne jegliche Anstrengung.*»

Wir wissen, daß all seine Anordnungen in erster Linie darauf hinzielen, jede Willensanstrengung auszuschließen. Er sagt klar und deutlich von seiner Methode: «Wenn man sie gut befolgt, d. h. *wenn man jede Willensanstrengung vermeidet*, wird man alles, was menschenmöglich ist, erreichen. Ich muß hinzufügen, daß ich oft nicht weiß, wo die Grenzen der Möglichkeit liegen.» – Wenn wir aber jede Willensanstrengung, selbstverständlich auch rein gedanklich, vermeiden, *versinken wir ganz von selbst in einen Zustand völliger Entspannung.*

Um jede Willensanstrengung nach Möglichkeit auszuschalten und gleichzeitig die Entspannung zu erhöhen, verlangt Coué, daß wir seinen Satz: «Mit jedem Tage geht es mir in jeder Hinsicht immer besser und besser» *ganz monoton, sehr langsam*, litaneiartig sprechen. Eben aus denselben Gründen muß der Satz auch laut genug gesprochen werden, ohne daß man sich bemüht, *seine Aufmerksamkeit* bei dem, was man sagt, festzuhalten, weil dann unser gesprochenes Wort automatisch, d. h. ohne jede Willensanstrengung in unsere Seele eindringen kann. Wie wir ja wissen, gelten als günstigste Zeiten, «bewußte Autosuggestion» zu betreiben, die Minuten gleich nach dem Erwachen am Morgen und unmittelbar vor dem Einschlafen am Abend, weil wir dann am leichtesten in den Zustand der Empfänglichkeit geraten.

Wir müssen uns klarmachen, daß wir zwei Arten dieses Zustandes zu unterscheiden haben. Die eine ist die, welche Trine mit «in die Stille gehen» bezeichnet. Das ist die Träumerei, bei welcher wir nichts Bestimmtes wollen, keinem Plan nachträumen, sondern uns lediglich unserer Einheit mit dem Geiste in unseren tiefsten Tiefen bewußt werden. In dieser herrlichen Träumerei spricht Gott zu uns. Dann empfinden wir *seine* Führung, das, was wir «Intuition» nennen, oder auch «*innere* Führung». Es ist das Höchste und Beste in uns und wird uns immer zum Guten führen. So kommen wir auch zu neuen, guten und schöpferischen Gedanken.

Die zweite Art des Zustandes ist als *gestaltende* zu bezeichnen. Da hängen wir einem gefaßten Plane nach, den wir vielleicht intuitiv in einem Zustand der ersten Art erhielten, oder wir verdeutlichen uns ein gewünschtes Ziel, z. B. das des Erfolges oder das der Gesundheit. Hierbei schaffen wir im Unterbewußten ein Modell, nach dem sich die Materie, der Stoff, richtet. Der einsichtsvolle Leser wird ohne weiteres verstehen, daß wir beide Arten der Entspannung nötig haben. Sonst könnte es uns geschehen, daß wir im Geiste etwas formen, was sich später, wenn es Wirklichkeit geworden ist, für uns als schädlich erweist. *Wir bedürfen der inneren Führung.* Außerdem fließen die Grenzen beider Zustände häufig zusammen. Die Methode Coués liegt in der Mitte dieser beiden Richtungen. Wir erzeugen die Suggestion, «daß es uns in jeder Hinsicht immer besser und besser geht». Es liegt also der Entspannung wohl ein Plan zugrunde, aber dieser Plan zeichnet *keine gewollten* Wege vor, sondern überläßt den Weg völlig der *inneren Führung.* Coué hat recht, wenn er sagt, daß die meisten Fehler, die in seiner Methode gemacht werden, auf Willensanstrengungen beruhen.

Ich hoffe sehr, daß die Gegenüberstellung der drei Männer, Trine, Mulford, Coué, manchem, der vielleicht nicht recht vorwärtskam, klare Erkenntnis und somit Erfolg bringen wird. Lesen Sie diese Zeilen recht, recht oft und befolgen Sie die Ratschläge. Immer tiefer wird dann die Erkenntnis reichen und immer gewaltiger gestaltet sich der Erfolg. Dieses Versenken in sich selbst, das wir eben besprochen haben, hat nichts mit wertloser Döserei zu tun, ebensowenig mit dem Bauen von Luftschlössern. Die für uns so wertvolle Entspannung hat als Hauptmerkmal die tiefe innere Verbundenheit mit dem Geiste, also sich unbedingt eins zu fühlen mit ihm. Hierbei ist es gleichgültig, ob ich mich der einen oder der anderen Art der Entspannung hingebe. Auch in der zweiten, in der wir vielleicht einem Plan nachträumen, müssen wir im Urgrund unseres Gemütes fühlen, daß wir «eins» mit dem unendlichen Geiste sind. Dieses *«Eins-sein»* erzeugt unbedingt einen friedvollen Gemütszustand, das Gefühl des Geborgenseins. Innere Zerrissenheit, Willensanstrengung, Zweifel, Unzufriedenheit, Verzweiflung usw., mit einem Wort, alles das, was sich der Verwirklichung unseres Satzes: «Mit jedem Tage geht es mir . . .», in den Weg stellt und sie unmöglich macht, verschwindet; verschwindet lediglich dadurch, daß wir uns im tiefsten Inneren der Einheit mit Gott, dem unendlichen Geist, bewußt werden. *Wer sich eins fühlt mit «Ihm» und in dem dadurch erzeugten harmonischen Gemütszustand unseren Satz: «Mit jedem Tage geht es mir in jeder Hinsicht immer besser und besser» in der von Coué gelehrten Weise vor sich hinspricht, wird keinen Grund mehr haben, zu klagen.*

21. DER DÄMON IN UNS

Friedlich liegt der Waldsee im Sonnenschein; Wasserrosen blühen, und leise bewegt sich der Wasserspiegel unter dem Spiel von kleinen Fischen, Käfern und sonstigem Wassergetier. Wirklich ein friedliches Bild; so wenigstens zeigt es sich unserm Auge. Unter dem anscheinend so friedlichen Spiegel sieht es leider ganz anders aus. Kampf auf Leben und Tod gibt es dort; der Stärkere frißt unbarmherzig den Schwächeren auf, wenn er ihn nur erhaschen kann.

Eine gewisse Parallele bietet unser Seelenleben, natürlich nur in begrenzter Weise. Auch in uns finden Kämpfe statt, oft genug ebenfalls auf Leben und Tod. Im besonderen sind es die sogenannten Gemütsleidenden, die von solchen inneren Kämpfen erschüttert werden. Für sie ist denn auch dieses Kapitel im wesentlichen geschrieben, und wenn sie mich gut verstehen, werden sie manchen guten Fingerzeig hieraus entnehmen können. Solche Gemütskranken haben meist das Unglück, daß sie von ihrer Umgebung nicht verstanden werden. Oft befinden sie sich von außen her gesehen in glücklichen, jedenfalls in wohlgeordneten Verhältnissen. Innerlich aber schaut es ganz anders aus. Der Feind, der ihnen ihr Glück, ihre Ruhe und ihre Zufriedenheit raubt, sitzt in ihnen selber; sie werden von ihren eigenen Vorstellungen geplagt, oft geradezu gepeinigt. Diese Armen quälen sich oft mit ganz absonderlichen Vorstellungen, z. B. daß sie schwere Schuld auf sich geladen hätten und sich nun umbringen müßten – und das völlig grundlos. Wenn nicht rechtzeitig eingegriffen wird und solche Kranken obendrein noch in einer Umgebung leben, die ihnen keinerlei Verständnis entgegenbringt, können sich solche Vorstellungen zur fixen Idee verkrampfen. Es kann sogar das daraus entstehen, was man früher mit Besessenheit bezeichnete. Es ist wirklich eine Art Besessensein, das man in mehr oder weniger hohem Grade an Gemütskranken feststellen kann. Nichts ist verkehrter, als eine solche Gemütskrankheit mit einer Handbewegung abtun zu wollen und etwa zu sagen: «Ach, der oder die leidet ja nur unter ihren dummen Einbildungen.» Meine Leser wissen ja nun, daß Einbildungen Realitäten sind, und so dürfen sie versichert sein, daß solche Kranken – auch wenn es sich nur um Einbildungen handelt – ganz schrecklich darunter leiden, so daß sie nur unser Mitgefühl, aber nicht unsere Gleichgültigkeit oder gar unsern Spott verdienen. Leider ist von außen her nicht viel gegen dieses Leiden zu tun.

Wenn man solchen Kranken fortwährend widerspricht, wenden sie sich bald ab und verbeißen sich noch fester in ihre ungesunden Vorstellungen. Wenn man aber zu sehr darauf eingeht, bestärkt man sie wieder darin. So gibt es nur einen Weg. Man muß ihnen zeigen, wie sie sich aus eigener Kraft helfen können. Ich habe die Freude, schon manchem gezeigt zu haben, wie er sich aus seiner Gemütsnot befreien konnte. Jeder solche Kranke, der unter Zwangsgedanken irgendwelcher Art leidet, tut zunächst einmal gut daran, sich darüber klar zu werden, daß es nicht sein eigenes Ich ist, was ihn so quält, sondern daß es sich um etwas Fremdes, Feindliches, kurz gesagt, um etwas Dämonisches handelt. Erst, wenn er das einsieht, hat er die Möglichkeit, sich erfolgreich dagegen zur Wehr zu setzen. Und nun noch etwas Wichtiges. Dieser Dämon – wenn wir zur besseren Verständigung diese Bezeichnung einmal beibehalten wollen – gibt sich so aus, als wäre er ein Stück von unserem eigenen Ich. Deshalb glauben ja diese Gemütsleidenden auch, jene schwarzen, bösen und sträflichen Gedanken stammen aus ihrem Selbst. Deshalb quälen sie sich ja oft mit schwersten Selbstvorwürfen und kommen manchmal geradezu zu einer Selbstverachtung. Gerade deshalb aber, weil sich dieser Dämon eben so geschickt maskiert, kann man sich nicht leicht gegen ihn zur Wehr setzen. Wenn man zupacken will, greift man ins Leere; – aus diesem Grunde ist es sehr gut, wenn man den Gegner verkörpert. Für Menschen mit einiger Phantasie ist dies nicht schwer. Beispielsweise denke man sich einen richtigen Vagabunden schlimmster Sorte, einen gefährlichen, widerwärtigen Kerl. Fühlt man sich nun von schlimmen Vorstellungen angegriffen, so stelle man sich sofort diesen Vagabunden recht anschaulich und lebendig vor und weise ihn energisch von sich. Durch dieses Verkörpern des Dämonischen in uns sind wir eher imstande, uns erfolgreich zu wehren. Was für eine Figur man wählt, ist belanglos; man hat aber dadurch den großen Vorteil, gegen etwas Wesenhaftes vorgehen zu können. Diese Phantasie lohnt sich, und ich habe schon öfter die Freude erlebt, daß der Gemütskranke sich auf diese einfache Weise helfen konnte. Nicht nur für den Gemütskranken ist die Vorstellung des Vagabunden von Vorteil, sondern auch für diejenigen, welche nicht erst gemütskrank werden wollen. Es gibt genug, übergenug Menschen, die sich mit allerhand oft recht lästigen Vorstellungen herumplagen; obiges Rezept wird sie von ihren Quälgeistern befreien, sofern sie nur ein wenig Phantasie besitzen. Denn dieser Dämon in uns besitzt keine wirkliche Macht, *seine Macht besteht in unserem Glauben an ihn.* Sobald wir dies erst einmal erkannt haben, wissen wir auch, wie wir uns erfolgreich wehren können. Menschen, die das Glück haben, in der Hauptsache auf ihr *wahres* Ich eingestellt zu sein, und an dieses Ich unbedingt glauben, werden dieses Kapitel voraussichtlich gar nicht verstehen, ja, sie werden das alles für Hirngespinste halten; ich wollte, daß sie recht hätten. Für solche Menschen, denen man im übrigen zu ihrer Einstellung gratulieren kann, ist dieses Kapitel auch nicht geschrieben. Oder vielleicht doch, denn es ändert sich manches im Laufe eines Lebens. Ich kenne Menschen, die früher von solchen Dingen nichts geahnt haben und heute zu ihrem Leidwesen hierüber recht gut unterrichtet sind. Auf alle Fälle ist es gut, Bescheid zu wissen, da man sich im vorkommenden Fall sofort erfolgreich zur Wehr setzen kann. Je mehr der Dämon in uns an Boden gewonnen hat, um so schwieriger ist es, ihn wieder zu vertreiben. Also seien wir auf der Hut! Immer den Glauben an das Gute in uns pflegen und das Böse andauernd verneinen! Es heißt nicht umsonst: «Wenn man dem Teufel den kleinen Finger reicht, nimmt er den ganzen Arm.» Leider auch manchmal den ganzen Menschen. Wir dürfen uns nicht überlisten lassen; hier liegt die Hauptstärke unseres Gegners. Da er keine wirkliche Macht besitzt, so muß er wohl oder übel zur List greifen. Leider kennt er unsere Schwächen recht gut und weiß diese trefflich auszunützen. Auch der Gesunde tut manchmal Dinge, über die er sich später wundert.

Um anschaulich zu machen, was ich meine, ein kleines Beispiel: Ich steige aus der elektrischen Bahn, habe im Triebwagen gesessen. Da ich auf die andere Seite der Straße will, warte ich, um die Straßenbahn vorüberzulassen. Der Triebwagen rollt vorüber, es folgt der Anhänger

– jetzt meldet sich in mir eine Stimme, die mir ganz energisch sagt: «Du kannst hinter diesem Anhänger ruhig über die Straße gehen, es ist alles in Ordnung, geh nur!» Schon setzt sich mein Körper in Bewegung, da werde ich sozusagen innerlich hellwach, reiße mich zusammen, kontrolliere, und siehe da, es kommt noch ein zweiter Anhänger, ich war im besten Begriffe, hineinzulaufen und unter die Räder zu kommen. Was war das, was mir da soeben energisch den Rat erteilte, hinter dem ersten Anhänger ruhig über die Straße zu gehen? Das sind unkontrollierte Gedankengänge. Man sieht, wie nötig es ist, vor ihnen auf der Hut zu sein. Bedenkt man die Folgen, die aus solchen Unachtsamkeiten entspringen können, so ist man versucht, auch hier an etwas Dämonisches zu denken. Solche Beispiele gibt es in unserem Leben mehr als genug, in tausend Variationen. Günstig an dieser Sache ist aber, daß das Dämonische in uns in Wirklichkeit keine Macht besitzt. Seine Macht ist von unserem Glauben abhängig, und dies ist für uns ein Glück. Bei Gemütserkrankungen hat dieser Dämon die Oberhand gewonnen, so wenigstens möchte ich diese Erscheinung auffassen. Wir dürfen den Einflüsterungen dieser feindlichen Macht kein Gehör schenken, keinen Wert darauf legen oder ihnen gar Folge leisten. Sobald wir dem Dämon unseren Glauben entziehen, fällt seine Macht zusammen. Vergessen wir nicht, daß dieser Gegner auch mit unseren eigenen Waffen gegen uns ficht, nämlich mit unserem Verstande, mit unseren eigenen logischen Schlüssen. Wenn wir beispielsweise diesen Gegner durch die bewußte Autosuggestion angreifen, das heißt, uns beharrlich und systematisch mit guten Gedanken und Vorstellungen erfüllen, so können wir oft genug feststellen, daß er uns seinerseits ebenso systematisch und beharrlich entgegenarbeitet. Er sucht unsere Bemühungen ins Lächerliche zu ziehen oder durch anscheinend logische Schlüsse zu widerlegen und zu entkräften. Er flüstert uns ein, daß unser Leiden schon viel zu alt sei oder daß unser Fall so kompliziert läge, daß durch das gesprochene Wort bestimmt keine Hilfe zu erwarten sei, usw. Weiß er doch, daß seine Herrschaft zu Ende geht, wenn wir aushalten, den Mut nicht verlieren und beharrlich trotz allem am Guten festhalten im tiefen Glauben an dessen Verwirklichung. Dagegen kommt dieser Dämon nicht an. Aber leider gelingt es ihm oft genug, den Betreffenden zu überlisten, so daß er den Kampf aufgibt; und damit hat der Dämon in uns wieder einmal gesiegt. Durch die ausdauernde Anwendung der bewußten Autosuggestion wird unserem inneren Feind der Vernichtungsfeldzug erklärt. Man wendet sich immer mehr ab, schenkt ihm immer weniger Glauben, und damit hat er ausgespielt, sein verderblicher Einfluß ist aufgehoben. Ich möchte darauf hinweisen, daß sich die Flüstertechnik bei Gemütsleiden auf das Allerbeste bewährt hat. Viele konnten sich durch diese davon befreien.

Zum Schluß verweise ich auf ein gutes Gegengewicht, den beherzigenswerten Rat des bekannten Arztes und Philosophen Freiherrn von Feuchtersleben:

«Seelenkranke sollten in ihr Tagebuch nur solche Gedanken einschreiben, die ihnen Trost gewähren und freundliche Bilder vors Gemüt führen, um sie in düsteren Stunden gegenwärtig haben zu können. So kann das Buch einen Freund vorstellen, der solchen Kranken mindestens ebenso nötig ist wie ein Arzt.»

22. DER ARZT

Jeder, der sich krank fühlt, hat sich selbst gegenüber die Verpflichtung, einen tüchtigen Arzt aufzusuchen. Ich erwarte – und weise in jedem Zirkel und Gedankenkurs darauf hin –, daß alle meine Besucher und auch meine Leser, falls sie irgendein Leiden haben, sich in ärztliche Behandlung begeben. Ich selbst habe meinen ständigen Hausarzt, ebenso wie Coué ihn hatte.

Wenn wir im Krankheitsfalle einen *Arzt* hinzuziehen und gewissenhaft das befolgen, was uns dieser sagt, und *dazu* die *Methode Coués* anwenden, so haben wir gewiß alles getan, was in menschlicher Kraft steht. Zweifellos kommt der Suggestion in der gesamten Heilkunde eine überragende Bedeutung zu. Jeder erfahrene Arzt weiß, daß sein Erfolg vielfach vom Vertrauen des Patienten abhängt. Je größer das Vertrauen des Patienten ist, um so mehr vermag der Arzt zu helfen. Es ist ein großer Fehler, wenn Patienten von Arzt zu Arzt laufen; richtig ist vielmehr, seinem Arzt treu zu bleiben und gewissenhaft das durchzuführen, was er verordnet. Daß Suggestion oder Glaube in jeder Heilweise enthalten ist, liegt vollkommen klar zutage. Nur so ist es zu erklären, daß mit entgegengesetzten Heilweisen die gleichen Resultate erzielt werden. Der eine schwört auf Medikamente, und der andere will hiervon wieder nichts wissen. Ein dritter wieder ist überzeugt von der Homöopathie und jener wieder von der Naturheilkunde usw. usw. Es ist ganz klar, daß ein Mensch, welcher auf die Wasserheilkunst schwört, bei medizinischer Behandlung keine bedeutenden Erfolge aufweisen wird. Und denjenigen wieder, die auf Medikamente schwören, kann man mit Wasserheilkunst nicht helfen.

An dieser Stelle möchte ich noch vor den sogenannten Ärztebüchern warnen. Man mache sich doch einmal klar, was das heißt, eine richtige Diagnose zu stellen. Selbst der erfahrenste und bedeutendste Arzt kann sich in seiner Diagnose irren. Also eine Fehldiagnose ist trotz langen Studiums und reicher Erfahrung durchaus möglich. Ist es da nicht lächerlich, wenn wir Laien uns einbilden, selbst Diagnosen stellen zu können, lediglich an Hand dieser Ärztebücher? Ich bin überzeugt, daß diese weit mehr Schaden als Nutzen bringen. Wir Menschen sind nun einmal so geartet, daß wir gerne immer gleich das Schlimmste annehmen. Wenn z. B. jemand Magendrücken hat, so sucht er in seinem Ärztebuch unter Magenkrebs; unter dem tut er es nicht! Er stellt vielleicht fest, daß gewisse Symptome ähnlich sind, andererseits beobachtet er, daß andere Symptome fehlen. Einige Tage später ist er ordentlich «beruhigt», weil sich auch die anderen Symptome endlich eingestellt haben. Er ahnt nicht, daß er sich um so leichter allerhand Symptome auf den Hals suggerieren kann, je mehr er sie, ich möchte beinahe sagen: sehnsüchtig – befürchtet. Weg mit den Ärztebüchern! Wenn sich jemand krank fühlt, so ist es das einzig Richtige, einen Arzt aufzusuchen. Wer solche Bücher besitzt, dem rate ich dringend, sie schleunigst in den Ofen zu stecken. Ich halte es auch für keinen schönen Zug, wenn man derartige Bücher verschenkt, und würde es direkt als feindlichen Akt auffassen, wenn mir jemand ein Ärztebuch zum Geschenk machte.

Erfreulicherweise setzt sich die Anwendung der bewußten Autosuggestion immer mehr durch. Auch in Ärztekreisen gewinnt sie immer mehr Freunde; oft höre ich von Besuchern, daß sie auf Anraten ihres Arztes zu mir gekommen sind.

Liegt es mir doch völlig fern, ärztlichen Anordnungen auch nur im geringsten widersprechen zu wollen. Unsere Methode soll doch nicht den Arzt ersetzen, sondern soll lediglich seiner Unterstützung dienen. Die relativ häufig vorkommenden Fälle, wo jemand sich schon aufgegeben glaubte und dennoch zum vollen Erfolg durchdrang, buche ich nicht auf mein Konto, sondern sehe hierin lediglich die Bestätigung des Satzes: «Der Geist beherrscht den Stoff», anders ausgedrückt: «Alle Dinge sind möglich dem, der da glaubt.»

23. MÖGLICHKEITEN DES GEISTES

Erschütternd und unbegreiflich, aber trostreich ist es, den Siegeszug des Geistes dem menschlichen Leide gegenüber zu verfolgen. Immer mehr drängt sich uns die Erkenntnis auf, daß vom geistigen Standpunkt aus kein Ding unmöglich ist. Ich bin ständig Zeuge der unverständlichsten Auswirkungen des Geistes, die mir immer wieder den Beweis erbringen, daß er den Stoff beherrscht.

Einem leider recht weit verbreiteten Irrtum möchte ich hier nochmals auf das bestimmteste entgegentreten, nämlich der Auffassung, daß diese Auswirkungen auf das Gebiet der körperlichen Krankheiten beschränkt seien. Wenn ich von autosuggestiver Krankheitsbekämpfung durch die Coué-Methode spreche, so meine ich das Wort Krankheit im denkbar weitesten Sinne. Krankheit in dieser Auffassung ist Disharmonie mit dem Geiste, Abwendung vom Göttlichen, die sich durchaus nicht etwa nur körperlich, sondern öfter noch seelisch und wirtschaftlich äußert.

Können wir doch häufig genug beobachten, daß einem äußerlichen wirtschaftlichen Verfall seelische Zerrüttung und schließlich körperliche Erkrankungen folgen. Meist wird dabei übersehen, daß der wirtschaftliche Verfall nur das Anzeichen einer falschen geistigen Einstellung ist, die im weiteren Verlauf oft zur seelischen Zerrüttung und am Ende zur Krankheit des Körpers führt.

Die ersten Anzeichen der falschen inneren Einstellung können natürlich ebensogut auf anderen Gebieten als dem wirtschaftlichen auftreten. Ich erwähne das Beispiel nur, um zu zeigen, daß die Ursache in der geistigen Einstellung liegt.

Meine alleinige Aufgabe ist es, den Weg aufzuzeigen, der durch Selbsterziehung zur richtigen geistigen Einstellung führt.

Der erwähnte Irrtum mag dadurch veranlaßt sein, daß gerade bei körperlichen Leiden die Wirkungen des Geistes so augenfällig in Erscheinung treten. Doch darf deswegen nicht verkannt werden, daß die körperlichen Erscheinungen nur ein Teilgebiet betreffen, dem Eisberge vergleichbar, von dem nur ein Zehntel seiner wahren Größe sinnfällig in Erscheinung tritt. Eben diese Sinnfälligkeit der körperlichen Wirkungen ist es auch, die mich nötigt, mich bei der Besprechung der Möglichkeiten des Geistes auf sie zu stützen. Daß auch diese Erfolge lediglich durch die Veränderung der seelischen Haltung hervorgerufen worden sind, ergibt sich aus den Bestätigungen von namhaften Vertretern der Wissenschaft.

Bekanntlich gibt es der Zweifler viele. Und so ziehe ich es vor, aus diesem Grunde, neben anderen, Zeugnisse von Wissenschaftlern heranzuziehen, und bemerke hierzu lediglich, daß in meinem Archiv eine reiche Auswahl erschütternder Beweise für die Macht des Geistes über den Körper gesammelt ist, welche maßgebenden Persönlichkeiten jederzeit gern zur Einsicht bereitliegen. Alle die schönen Erfolge, die in den folgenden wissenschaftlichen Zeugnissen zum Ausdruck kommen, haben viele Tausende meiner Hörer, denen ich Wegweiser sein durfte, am eigenen Körper erlebt.

Zunächst bringe ich eine Reihe von Beispielen, die den Einfluß des Geistes auf den Stoff beweisen:

Dr. med. Brauchle erzählt von einem ihm bekannten Manne, der durch die eingebildete Vorstellung großer Hitze auf der einen Körperhälfte zu schwitzen vermochte.

Dr. med. Knauer maß am Examenstag bei 43% der Studenten erhöhten Blutdruck.

Dr. med. Moos stellte bei einem Manne in der Sprechstunde (Sprechstundenangst) 280 mm Blutdruck fest, der nach einfacher Aussprache auf 150 mm absank und nach längerer Zeit und weiterer seelischer Beruhigung 130 mm betrug.

Dr. med. R. Schindler führte im ärztlichen Verein folgenden Versuch durch. Der Patient trug einen Gipsverband, in dem ein Glasfenster eingebaut war, durch welches man beobachten konnte, wie auf bloße hypnotische Suggestion hin Blasen entstanden und durch entsprechende Gegensuggestion auch wieder verschwanden. Die Versuche waren vollkommen einwandfrei und überzeugend.

Dr. Baerwald schreibt: «Obgleich ich keiner tiefen Hypnose zugänglich bin, gelang bei mir die Hemmung starken Nasenblutens durch ärztliche Suggestion in wenigen Sekunden.»

Prof. Dr. J. H. Schultz, Berlin, führt aus: «Konzentriert sich die Versuchsperson auf das Erlebnis des Herzschlags ohne Unruhe, ohne falsche Anspannung, und ohne Störungen nachzugeben, so genügt es, die Vorstellung ‹mein Herz schlägt langsamer›, oder ‹mein Herz schlägt schneller› intensiv zu vergegenwärtigen, um den Erfolg eintreten zu lassen.»

Dr. Richard Baerwald beschreibt von sich folgenden hübschen Fall: «Als ich selbst bereits einige Übung in der Autosuggestion erlangt hatte, ging ich an einem glühheißen Julitage eine sonnige Straße entlang und war wie in Schweiß gebadet. Schon gewohnt, bei allen Widrigkeiten des Lebens meine neue Kunst heranzuziehen, gab ich mir die Autosuggestion, das übermäßige Transpirieren werde binnen weniger Minuten aufhören, und ich werde ganz trocken am Ende meines Weges anlangen. Diese Zuflüsterung hatte ein ... erstaunliches Ergebnis, und traf ... wortgemäß ein ...»

Dr. med. Heyer gibt einen Bericht von Ferry wieder, wonach zwei Flieger in der Erinnerung an Fallschirmabsprünge aus großer Höhe noch lange Zeit Herzanfälle bzw. Kreislaufstörungen bekamen.

Weiter erzählt er, daß vor einigen Jahren ein Mann in vielen Kliniken die Runde machte und u. a. behauptete, er könne mit dem Willen seinen Herzschlag bis auf 160 und darüber steigern. Eingehende Befragung ergab dann, daß er sich vorstellte, er stünde in Hamburg am Rande einer hohen geländerlosen Kaimauer vor einem tiefen Absturz ins Wasser und müsse als Nichtschwimmer ertrinken. Also eine klipp und klare Autosuggestion einer angstbetonten Vorstellung – kein Wille.

Hieraus ergibt sich zwangsläufig, welche wichtige Rolle unsere Gedanken im Leben spielen. Es ist also durchaus nicht gleichgültig, wie und was wir denken. Die Gedanken vermögen uns ebensosehr zu schaden wie zu nützen; sogar im Traume, wie wir häufig genug beobachten können, üben sie einen Einfluß auf uns aus.

Dr. med. Heyer erzählt von einem zu Herzanfällen neigenden Lehrer; dieser habe einen Fliegetraum gehabt. Das ging zuerst ganz schön, dann aber fiel ihm «im Traume» ein, die Bewegungsanstrengung müsse doch sicher seinem Herzen schaden. Und schon erwachte er mit einem heftigen Anfall. Zwei Wochen später träumte er, er grübe seinen Garten um. Wieder kam ihm der Gedanke, ob das seinem Herzen auch nicht schade. Doch nun erinnerte er sich, daß Dr. Heyer ihm ja gesagt habe, er könne sich ruhig einige Anstrengungen zumuten. – Er schlief ruhig weiter.

Es dürfte schon mancher Ehefrau passiert sein, daß sie morgens beim Kaffeetrinken ihren Mann mit scheelen Blicken betrachtete, obgleich er durchaus unschuldig war. Sie hatte lediglich «geträumt», daß ihr Mann sie unter aller Würde behandelt habe. Trotzdem sie selbst über den Traum lächelt, vermag sie sich dennoch einer kleinen Mißstimmung dem Gatten gegenüber nicht zu erwehren. Also ein suggestiver Einfluß, welcher aus dem Traumleben in den bewußten Alltag übergreift. Auch wenn wir morgens – wie der Volksmund sagt – mit dem linken Bein zuerst aufgestanden sind, also üble Laune haben, dürfte wahrscheinlich ein unserem Bewußtsein entfallener Traum die Ursache sein.

Die Wissenschaft berichtet über zahlreiche Fälle, in denen sich ungünstige Gedanken bzw. Vorstellungen schädlich auswirkten.

So erzählt Prof. Dr. J. H. Schultz, er habe bei einer Versuchsperson Hautveränderungen durch hypnotische Suggestionen hervorrufen wollen, was aber nicht gut gelang. Er suggerierte die Vorstellung, die Versuchsperson habe sich am Handrükken verbrannt. Beim Wecken vergaß Schultz die Zurücknahme dieser Suggestion. Nach acht Tagen kam die Dame wieder und gab an, sie habe jeden Morgen auf dem Handrücken eine kleine schmerzlose Blase gefunden, die sie mit einer Nadel aufgestochen habe und die dann im Laufe des Tages jedesmal wieder abgeheilt sei.

Dr. med. Liek berichtet: «Operiere ich einen Kranken wegen akuter Blinddarmentzündung, – sehr selten, daß nicht in den nächsten Tagen ein oder das andere Familienmitglied in der Sprechstunde erscheint mit den Beschwerden einer Blinddarmentzündung und mit der selbstgestellten, irrtümlichen Diagnose. Das gleiche sehen wir bei Krebs und bei vielen anderen Erkrankungen. Nach öffentlichen Vorträgen über Tuberkulose und Krebs habe ich ganze Epidemien solcher seelischen Erkrankungen beobachten können.»

Dr. med. Heyer erzählt in seinem Buche «Seelenführung» von einem Reisenden, der sich, abends auf sein Schiff gekommen, in die Kabine begab und, wie schon befürchtet, bereits in der Nacht gewaltig seekrank wurde – es war offenbar nach der Abfahrt des Schiffes schweres Wetter eingetreten. Wie erstaunte der Unglückliche, als er beim Hellwerden erkannte, daß er aus lauter Angst einer Autosuggestion zum Opfer gefallen war. Das Schiff hatte den Hafen gar nicht verlassen, sondern war wegen eines Maschinenschadens alsbald zum Ankerplatz zurückgekehrt, wo es die ganze Nacht stillag.

Dr. med. E. Liek sagt: «Eine hingeworfene Bemerkung des Arztes, wie ‹schwaches Herz›, ‹Lungenspitzenkatarrh›, ‹breite Schlagader›, ‹hoher Blutdruck› usw. kann einen Menschen das Leben hindurch krank machen (‹iatrogene› Erkrankungen).»

Dr. med. Heyer hat aus den Berichten von Spezialärzten eine Menge Fälle gesammelt, aus denen hervorgeht, daß die Schilddrüse sich bei der Erregung stark vergrößert. Wörtlich fügt er hinzu: «Die Tatsachen reden eine zu deutliche Sprache, als daß der seelisch entstehende ‹Basedow› noch geleugnet werden könnte.» Der Truppenarzt Rohde hat einen Fall von Schilddrüsenanschwellung beobachtet, die in 12 Stunden entstanden ist.

Der Nervenarzt Dr. von Gulat-Wellenburg schreibt in seinem Buche «Das Wunder der Autosuggestion» von einem Manne, der sich in deutschen Kliniken sehen ließ, folgendes: «Im Kreise einer medizinisch-psychologischen Sitzung legte ich ihm auf sein Verlangen ein Zehnpfennigstück auf eine beliebige Stelle seines entblößten Unterarmes. Nun begann er mit geschlossenen Augen sich laut einzureden: ‹Ach, wie heiß, sehr heiß, wie das brennt!› usw.; und seine Worte wurden zu Rufen, immer eindringlicher und stöhnend wie im Schmerz. Nach zwei bis drei Minuten forderte er, ganz ruhig geworden, auf, die Münze zu entfernen. In ihrem Bereich, genau mit ihren Rändern abgegrenzt, war eine Hochrötung der Haut eingetreten, die an kleinen Stellen in der Mitte Beginn von Blasenbildung mit Wasserfüllung zeigte. Es war also unter der intensiven selbsterzeugten Vorstellung (Autosuggestion) brennenden Gefühls eine Verbrennung leichten Grades eingetreten.»

Auch ich habe versucht, dieses Experiment in etwa fünf Fällen durchzuführen; leider kam es nie zur Vollendung, d. h. es boten sich junge Männer an, noch dazu im Brustton tiefster Überzeugung, daß sie das Experiment der Blasenbildung durch ein kaltes Geldstück spielend leicht durchführen würden. Leider entsprach diese Tatsache nicht ihren Worten. Auf meine Suggestion hin, daß das auf den Handrücken gelegte Zehnpfennigstück immer heißer und heißer, ja unerträglich heiß werde, schleuderten die Versuchspersonen im entscheidenden Augenblick meinen harmlosen Groschen in irgendeine Ecke, weil sie den entstandenen Hitzegrad nicht auszuhalten vermochten. Hier war leider der Mund größer gewesen als das Aushaltenkönnen von Schmerzen. Für mich besteht kein Zweifel, daß es bei der nötigen Ausdauer der Versuchspersonen tatsächlich zur Blasenbildung gekommen wäre, wohlverstanden durch ein kaltes Groschenstück.

So können wir auch Dr. Liek recht geben, wenn er in seinem Buche «Das Wunder in der Heilkunde» sagt:

«Der innere Schöpfer verfügt über viele und mannigfaltige, zum Teil uns noch gar nicht bekannte Mittel der Anpassung, des Ausgleiches, der Heilung. Im Grunde genommen heilt er ja ausschließlich.»

Und Prof. Durig, Wien, drückt sich so aus: «Wenn der Patient sieht, daß gegen seine Krankheit etwas unternommen wird, so glaubt er an die Wirkung und suggeriert sich eine Besserung. Und diese Selbstsuggestion ist für Menschen, die an Blutüberdruck leiden, äußerst heilsam.»

Bei der Besprechung des Buches von Baudouin (über die Coué-Methode) schreibt Prof. Dr. med. J. H. Schultz:

«Besonders einleuchtend ist vielen Nervösen die in diesem Buche empfohlene, dem Gebrauche des Rosenkranzes analoge Anweisung, einen Faden mit 20 Knoten durch die Hände wandern zu lassen und sich bei jedem Knoten eine heilbringende Vorstellung zu vergegenwärtigen, etwa «es geht mir jeden Tag besser».»

Dr. med. Heyer erzählt von einem Kollegen, der sich viel darauf einbildete, seinen Patienten die Wahrheit zu sagen. Dieser trieb einen älteren Herrn, der zunächst nur eine gewisse Neigung zu Herzkrämpfen hatte, durch sein «Wahrheitsagen» in so schwere Angst, daß der Herr in der folgenden Nacht tatsächlich den ersten echten Krampfanfall bekam. Dr. Heyer fügt hinzu, daß es sich hier oftmals nicht nur um ein «Wahrheit-Sagen», sondern um ein «Wahrheiten-Schaffen» handelt. Nach wenigen beruhigenden Suggestionen sei der Blutdruck um 30 mm heruntergegangen, und der Herr habe bis zu seinem Tode keinen derartigen Krampfanfall mehr gehabt.

Gewiß bin ich für die Wahrheit, man hat mich sogar als Wahrheitsfanatiker bezeichnet; jedoch gibt es in gewissen Dingen etwas, was über die Wahrheit hinausreicht, das ist die Liebe. Ich bin der Meinung, daß wir unseren Mitmenschen das Leben so weit wie möglich erleichtern sollten. Dies geschieht jedoch weit mehr durch die Liebe als durch die Wahrheit, oder besser gesagt, als durch das, was wir für wahr halten.

So bitte ich meinen Leser, selbst gegen besseres Wissen, einem guten Freunde niemals zu sagen: «Du siehst aber miserabel aus» und was dergleichen Liebenswürdigkeiten mehr sind. Nach meiner Ansicht besitzen wir nicht das Recht, unseren Mitmenschen mit derartig verderblichen Suggestionen in den Rücken zu fallen. Wir sind bestimmt verantwortlich für unsere Worte, ja sogar für unsere Gedanken.

Wie störend schlimme Vorstellungen und wie fördernd gute Vorstellungen sich unter Umständen auf den Heilungsprozeß auswirken, zeigt folgendes: In der «Begutachtung der Arbeitsunfähigkeit in der Krankenversicherung» schreibt Troescher:

«Die Rippenbrüche heilen, wenn sie übersehen werden und unter der Diagnose Brustquetschung laufen, nach zwei bis drei Wochen so aus, daß der Verletzte beschwerdefrei seiner Arbeit nachgeht, wenn er nicht gerade Sackträger oder Kohlentrimmer ist. Wird der Bruch ... erkannt, so dauert die Arbeitsunfähigkeit meistens acht Wochen.»

Dr. med. Mohr berichtet von einem Zuckerkranken, der trotz der besten Diätbehandlung keinen Erfolg hatte. Daraufhin wurde dem Kranken in der Hypnose seine große Erregbarkeit, namentlich die über gewisse Menschen seiner Umgebung, fortsuggeriert. Schon am nächsten Male war er zuckerfrei. Als ihm dann in der Hypnose gesagt wurde, er werde sich nächster Tage noch einmal gegenüber diesen Menschen erregen, hatte er bei der folgenden Untersuchung 2½% Zucker. Dr. Mohr fährt fort: «Diesen Versuch habe ich im ganzen viermal wiederholt, immer mit demselben Erfolg. Der Mann ist seither vier Jahre zuckerfrei geblieben, selbstverständlich unter gleichzeitiger vorsichtiger Diät, die aber keine sehr strenge zu sein brauchte, während vorher selbst die strengste keinen Erfolg hatte.»

Der eben von Dr. Mohr wiedergegebene Fall von Zuckerkrankheit zeigt uns klar und deutlich, wie stark unser Gedanke auf unser Gesund- oder Kranksein Einfluß nimmt. Ich möchte nicht unerwähnt lassen, daß ich vielfach Gelegenheit hatte, die wundervollsten Erfolge bei schweren Fällen von Zuckerkrankheit durch Anwendung von bewußter Autosuggestion festzustellen. Es ging sogar so weit, daß z. B. ein Mann von 9,8% Zucker befreit wurde, und zwar ohne irgendwelche Diät einzuhalten. Außerdem war dieser Erfolg von Dauer. Dieses Resultat ist durch wissenschaftliche Analysen erhärtet.

Auch Dr. med. Alkan, Berlin, sagt in seinem Buch «Anatomische Organkrankheiten aus seelischer Ursache», daß bei der Zuckerkrankheit die seelische Beeinflussung nie vernachlässigt werden sollte. Auch bei der Arteriosklerose ist er der Meinung, daß dem Kranken in erster Linie die «dauernden pessimistischen Gedanken an sein Leiden» genommen werden müssen.

Die Möglichkeiten des Geistes sind unbegrenzt und mit dem Verstand nicht zu erfassen. Es gibt Fälle, in denen der Geist es vorzieht, statt einen organischen Schaden zu beheben, ihn zu überbrücken, d. h. er setzt den Menschen in die Lage, so zu leben, als ob der Schaden nicht bestünde.

Folgendes Beispiel mag zeigen, wie ich dies meine. Eine Frau besuchte meine Zirkel. Diese Frau wurde ohne Kniescheiben geboren. Infolge der Haltlosigkeit der Knie stürzte sie täglich mehrmals. Durch die Anwendung der Coué-Methode lernte sie jedoch in kurzer Zeit sicher laufen. Zweifellos konnten sich keine Kniescheiben gebildet haben, dennoch bewegte sich diese Frau so, als ob Kniescheiben vorhanden wären. Das Resultat in diesem Fall ist das gleiche, da ja die Frau zu laufen vermag, als ob sie Kniescheiben hätte.

Ein anderes Beispiel gibt Coué in seinem Buch «Die Selbstbemeisterung durch bewußte Autosuggestion» an.

Hier handelte es sich um einen Fall schwerster Herzerkrankung. Es war ein Knabe, der im Krankenhaus aufgegeben worden war, und auch Coué hatte seine Bedenken, daß er je wieder gesunden würde. Zu aller Erstaunen setzte der Erfolg sehr rasch ein. Es dauerte gar nicht lange, so sprang der Knabe hinter Schmetterlingen her, wie andere gesunde Kinder auch. Die Untersuchung ergab jedoch einen weiteren Fortbestand der schweren Herzerkrankung. Aus diesem Knaben wurde ein Mann, und dieser war so leistungsfähig, daß er den Krieg mitzumachen vermochte. Coué ließ ihn nochmals untersuchen, und es wurde festgestellt, daß das schwere Herzleiden nach wie vor bestand. Der Mann gründete eine Familie, er blieb leistungsfähig und fühlte sich vollkommen gesund. Seine Leistungsfähigkeit hatte er dadurch bewiesen, daß er den Strapazen des Feldzuges gewachsen und auch sonst völlig auf der Höhe war.

Auch hier sehen wir eine Überbrückung, die wir verstandlich nicht begreifen können. Mehr als leistungsfähig zu sein, uns munter, froh und gesund zu fühlen, haben wir Menschen ja schließlich nicht nötig. Wie der Geist zu diesen schönen Resultaten gelangt, können wir nicht feststellen.

Niemand braucht zu verzweifeln, wenn er den Mut aufbringt, wirklich zu glauben. Nie dürfen wir vergessen, daß die Möglichkeiten des Geistes ganz andere sind als die des Verstandes.

Wir können Dr. med. Liek nur zustimmen, wenn er sagt:

«Sehr richtig heißt es bei Coué, der Kranke müsse mithelfen, sonst gebe es keinen Erfolg ... Ich bin Arzt mit Leib und Seele, daneben aber auch Ketzer. Hätte ich selbst eine Magensenkung oder ein Asthma, ich ließe mich nicht operieren, trotzdem erste Chirurgen diese Eingriffe aufs dringlichste empfohlen haben. Eher ginge ich schon in eine Coué-Schule. Gleich muß ich etwas zurücknehmen. Ich würde doch nicht in eine Coué-Anstalt gehen; denn ich hätte dort nichts zu erwarten. An der ‹Mithilfe› würde mich – fast fließt mir das Wort ‹leider› in die Feder – mein Verstand hindern.»

Es ist tief zu beklagen, daß unser Verstand in der Lage ist, unsere höchsten Fähigkeiten lahmzulegen, weshalb die Inder sagen: «Der

Verstand ist der Drache, welcher vor den Pforten des Paradieses liegt.»
Zweifellos ist es weit leichter, vom Verstande besessen zu sein, als ihn zu besitzen. Es ist schon zu begrüßen, wenn der Mensch erkannt hat, daß in ihm Fähigkeiten ruhen, die über den Verstand hinausreichen. Es haben sich leider zwei Lager gebildet, die sich ganz unnötigerweise bekämpfen, statt sich zu vertragen. Die eine Seite schwört auf die Intuition und die innere Führung und neigt zur Unterschätzung des Verstandes. Die andere jedoch hat den Verstand auf ihr Banner geschrieben und geht wiederum darin zu weit, alles abzulehnen, was der Verstand nicht begreifen und beweisen kann. Wie überall, so ist auch hier der goldene Mittelweg der beste, wenn auch der schwerste.

Führende Köpfe sind stets intuitiv. Sie können dessen unbeschadet ausgezeichnete Logiker sein. Ich will damit sagen, daß solche Menschen sich unbedingt von ihrer Intuition führen lassen und nicht von ihrem Verstande. Hier verstehen wir Nietzsche, wenn er sagt, bei der Niederschrift seines Hauptwerkes, des Zarathustra, habe ihn das Gefühl beherrscht, die Gedanken kämen ihm ganz mühelos, sie würden ihm gleichsam diktiert, so daß er sie nur niederzuschreiben brauche.

Man vergesse nicht, daß Suggestion durchaus unabhängig von jeder Logik ist, d. h. es gibt überraschend viel Suggestionen, die außerordentlich wirksam sind und dennoch vollkommen unlogisch. Man kann sagen: eine Suggestion kann mit der logischen Erkenntnis zusammenfallen, muß es aber nicht. Man kann sogar behaupten, daß oft genug durchaus unlogische Suggestionen, wenn sie nur recht bildhaft sind, von besonders gutem Erfolge gekrönt sind. Ich verweise hier auf die von mir geschilderte «Glasmauer», die den Zweck verfolgt, uns vor unliebsamen Erregungen zu schützen. Ich habe wundervolle Erfolge beobachten können, nur durch die Vorstellung, von einer gläsernen Wand umgeben und geschützt zu sein. Jeder wird zugeben müssen, daß diese Vorstellung jeder Logik entbehrt.

Dr. Baerwald gibt im folgenden ein treffendes Beispiel aus seinem Leben für eine völlig *unlogische*, aber sehr *bildhafte* und darum wirksame Autosuggestion: «...von ‹wahr› und ‹falsch› kann man ja bei der Suggestion absehen, das anschauliche Bild wirkt dennoch. Einen unangenehmen Schmerz im Hinterkopf, der zuerst nicht weichen wollte, wurde ich durch folgende äußerst drastische Suggestion sofort los: Jetzt öffnet sich mein Schädel hinten, der Schmerz fließt als klebrige schwarze Flüssigkeit aus, ganz wie warmes Pech; Tropfen für Tropfen fließt langsam heraus, jetzt einer... jetzt wieder einer; mit jedem Tropfen wird der Schmerz weniger, jetzt ist nur noch ganz wenig Schmerzpech übrig usw.»

Ebenso dürfte vielen Lesern bekannt sein, daß viele Menschen ohne Wecker des Morgens zu einer gewünschten Zeit erwachen, nur dadurch, daß sie vor dem Einschlafen die betreffende Stundenzahl mit der Zehe an die Bettlade klopfen. Wie wirksam dieses Verfahren ist, dürfte allgemein bekannt sein. Wer aber will hier von Logik sprechen.

Leider ist gerade diese Unlogik der Suggestion für die vorhin angezogenen eingeschworenen Verfechter des Verstandes der Punkt, wo sie gern einsetzen, um über die Suggestion und ihre Erfolge den Stab zu brechen. Freilich beweist der «stab-brechende» Kritiker damit nur seine Unkenntnis der Suggestionsgesetze. Bei näherer Beschäftigung mit diesen Dingen muß freilich auch der Logiker feststellen, daß sich die Menschheit weit mehr durch unlogische Suggestionen als durch verstandesmäßige Logik und vernünftige Erkenntnis leiten läßt. Also befinden sich die fanatischen Logiker im Unrecht, wenn sie über die enorme Macht der Suggestion mit einem einfachen Achselzucken hinweggehen.

Dr. Fritz Schulhof sagt:

«Das Verfahren Coués wird sich auch gegen alle Spötter und Lächler und selbst gegen die aufgeklärten Materialisten und Monisten durchsetzen.» Und an anderer Stelle: «Der Couéismus hat aber einen Riesenvorteil vor vielen anderen Systemen, die sich mit psychischer Schulung der Kraft befassen: Jeder kann es selbst üben, kann den Weg zum gewünschten Ziel selbst nehmen...» Und weiter: «... wir können uns auch in die Gesundheit hineindenken, wir haben es in unserer Hand, *wieder so gesund zu werden, wie wir es einstmals waren.*»

Wie weit die Macht der Vorstellung, ob logisch oder unlogisch, geht, zeigen folgende Fälle:

Prof. Penzoldt berichtet: Er habe einmal einen Kranken behandelt, der an sehr quälenden Durchfällen litt. Die Durchfälle traten immer nur nachts auf. Der Professor riet, auf den Nachttisch ein Fläschchen mit Opiumtropfen zu stellen. Das half sofort, die Tropfen wurden nicht genommen. Die Tatsache der erreichbaren Nähe beruhigte den Kranken und seinen Darmkanal.

Dr. med. Liek erzählt: «Ein mir befreundeter Arzt verschreibt einer Frau mit chronischem Kopfschmerz die bekannte Bromnatriumlösung. Kurz darauf bitten ihn zwei andere Frauen um das gleiche ‹Kopfwasser›. Ihre Freundin habe sich nur wenige Male den Kopf damit eingerieben und sei ihre Schmerzen völlig losgeworden.» – Das Mittel war zum Einnehmen bestimmt!!

Diese Ausführungen gelten lediglich für den objektiv und gerecht denkenden Menschen, nicht aber für die bekannte Klasse jener, die von vornherein entschlossen sind, sich *nicht* überzeugen lassen zu *wollen.* Diese Klasse Menschen hatte Coué vermutlich im Auge, als er so schön sagte: «Jede Krankheit ist heilbar, aber nicht jeder Kranke.» Von einer anderen Warte aus müssen wir erkennen, daß durch die Fortschritte der Wissenschaft heute manches heilbar ist, was vor noch gar nicht zu langer Zeit als unheilbar galt. Es gibt somit keinen Stillstand in dieser Welt. Warum sollte, von diesem Standpunkt aus gesehen, sich Coués Wort nicht noch einmal verwirklichen?

Wir Menschen haben zweifellos die Pflicht, unsern Verstand zu gebrauchen, dem Geschehen in dieser Welt kritisch gegenüberzustehen. Aber ebenso zweifellos blamieren wir uns, wenn wir irgendwelche Dinge verwerfen, ohne sie vorher ernsthaft und sachlich geprüft zu haben. Niemand hat das Recht zu verurteilen, ohne zu prüfen.

Prof. Dr. med. G. von Bergmann schreibt: «Es handelt sich um die Basedowsche Krankheit, bei der in vielen Fällen ganz einwandfrei nachgewiesen ist, daß sie sich plötzlich nach einer seelischen Erschütterung entwickelt.» Er beschreibt dann die Operation des Kropfes und fährt fort: «Man kennt aber gerade beim Schreck-Basedow große Erfolge, selbst in schweren Fällen, allein durch die seelische Beruhigung des Kranken.»

Dr. med. Heyer berichtet: «So schafft man eine außerordentlich ungünstige Situation für ein gerade eben noch seine Arbeit bewältigendes Herz, indem man es aufregt und beunruhigt, statt das nützlichere Gegenteil zu tun.»

Da es bekannterweise genug Menschen gibt, die, sei es aus mangelnder Urteilskraft oder aus mangelndem moralischem Mut, nicht wagen, ihre Ansicht zu äußern, ehe sie nicht zu ihrer Beruhigung gelesen haben, daß anerkannte Größen ihre Ansicht unterstützen, gebe ich hiermit weiteren Berufenen das Wort:

Goethe in Gesprächen mit Eckermann: «Es ist unglaublich, wieviel der Geist zur Erhaltung des Körpers vermag. Der Geist muß nur dem Körper nicht nachgeben.»

Kant nennt höchst sachverständig die Einbildungskraft in ihrer Tätigkeit eine Motion (Bewegung) des Gemütes, die zur Gesundheit diene.

Der moderne Philosoph Ludwig Klages schreibt: «Der Leib ist die Erscheinung der Seele, und die Seele ist der Sinn des lebendigen Leibes.»

Der große Arzt und Denker Carl Gustav Carus schreibt: «Der Schlüssel zur Erkenntnis des bewußten Seelenlebens liegt in der Region des Unbewußtseins.»

J. C. Lavater sagt: «Bessre das Innere stets – so wird sich das Äußere bessern!»

Schon im Jahre 1824 sagte der berühmte Leibarzt Hufeland wörtlich: «Wir wollen keineswegs den Einfluß des Leiblichen auf das Geistige leugnen. Aber ebenso auffallend, ja noch größer ist die psychische (seelische) Macht des Geistes über das Leibliche.»

Man sieht also, daß schon vor mehr als hundert Jahren dieselbe Idee, die Coué zur Grundlage seiner Lehre machte, in dem großen deutschen Gelehrten und Arzt, Hufeland, zum Durchbruch gelangte. Leider vermochte sich die so ausgezeichnete Erkenntnis Hufelands damals nicht durchzusetzen, obgleich diese Idee den großen Philosophen Kant anregte, sein Werk «Von der Macht des Gemütes» zu schreiben.

Für die Leser, die grundsätzlich keine Vorworte lesen, wiederhole ich hier die Worte des großen Arztes und Denkers *Hufeland*:

«Wer kann leugnen, daß es Wunder und Wunderheilungen gibt? – Aber was sind sie anders, als Wirkungen des festen Glaubens entweder an himmlische Kräfte oder auch an irdische und folglich Wirkungen des Geistes. Jedermann kennt die Kraft der Imagination. Niemand zweifelt daran, daß es eingebildete Krankheiten gibt und daß eine Menge Menschen an nichts anderem krank sind als an der Krankheitseinbildung. Ist es nun aber nicht ebensogut möglich und unendlich besser, sich einzubilden, gesund zu sein?» (in der Vorrede zu der «Macht des Gemütes» von Kant).

Kant: «Ich bin gewiß, daß viele gichtische Zufälle..., ja Krämpfe..., auch wohl das für unheilbar verschriene Podagra, bei jeder neuen Anwandlung desselben durch diese Festigkeit des Vorsatzes (seine Aufmerksamkeit von einem solchen Leiden abzuwenden) abgehalten und nach und nach gar behoben werden könnten.»

Dr. med. Fritz Mohr, Koblenz: «Aus dem Erfülltsein mit schöpferischer Erkenntnis entspringt eine alles überwindende Kraft.»

Freiherr E. von Feuchtersleben, Dichter und Arzt sagt: «Furcht ist ein Zustand träger Schwäche, wo es jedem Feinde leicht wird, von uns Besitz zu nehmen.»

Und an anderer Stelle: «Hypochondrie ist es nicht bloß, sich ein Leiden, das man nicht hat, einzubilden, sondern Leiden, die man hat, aufmerksam zu beschauen.»

Dr. med. E. Liek, Danzig: «Es ist nicht immer gut, die Krankheit aus dem Unbewußten ins Bewußtsein zu bringen. Vorstellungen aus dem Großhirn stören oft genug die ruhige Arbeit der ‹Natur›.»

An dieser Stelle möchte ich bemerken, daß ich der Meinung bin, daß Zeugnisse aus ärztlicher Feder beweiskräftiger für das große Publikum sind als die vielen Laien-Zeugnisse. Für mich und meine Hörer sind auch die aus Laienkreisen abgegebenen Bestätigungen durchaus beweiskräftig.

Ich bringe jetzt eine Reihe von Prof. Charles Baudouin mitgeteilter Fälle:

Frau D. aus Troyes, 30 Jahre alt, Lungenschwindsucht, letzte Phase. Trotz Überernährung jeden Tag zunehmende Magerkeit. Husten, Beklemmung, Auswurf, sie scheint nur noch ein paar Monate leben zu können... Suggestion, sofortige Besserung. Schon vom nächsten Tage an beginnender Rückgang der Krankheitssymptome. Die Besserung wird jeden Tag merklicher, das Körpergewicht der Kranken nimmt rasch zu, obwohl die Überernährung aufgehört hat. Frau D. schreibt Coué einen Dankbrief. Sie teilt ihm mit, daß sie sich ausgezeichnet befinde... Im Auge behalten, kein Rückfall.

Ein 15jähriger Bursche hat am linken Arm eine Geschwulst tuberkulösen Ursprungs, 9 cm lang, 5 cm breit, 2½ cm hoch. In Nancy wird er in vier Monaten vollständig geheilt (1915).

In Genf konnte ich einen gleichartigen Fall feststellen. Man bringt mir ein elfjähriges tuberkulöses Mädchen... Sie hat an der Schläfe eine kreisrunde Wunde von der Größe eines Zweifrankenstückes, die tuberkulösen Ursprungs ist. Diese Wunde ist seit vier Monaten immer offen, und jede Therapie war machtlos dagegen. Das Kind zeigt sich sehr zutraulich und feinfühlig. Suggestion. Gewissenhafte Autosuggestion seitens des Kindes, morgens und abends. Wie groß war mein Erstaunen und das meiner Hörer, als das Mädchen acht Tage später mit vernarbter Wunde wiederkam! Rosige, durchscheinende Haut verriet noch die Stelle; nach ein paar Wochen war gar nichts mehr zu sehen. Einen Monat nach der ersten Suggestion verschwand der Husten völlig, obgleich es mitten im Winter war...

Nach solchen Erfolgen wird man es sehr begreiflich finden, daß in Nancy zwei Fälle der Pottschen Krankheit (tuberkulöse Verkrümmung des Rückgrates) mit Erfolg behandelt wurden.

Herr A. G. wohnhaft zu Troyes, leidet seit langem an einer Enteritis (entzündliche Darmreizung), die durch verschiedene Verfahren nicht zu beheben war. Die seelische Verfassung ist sehr übel. Herr G. ist traurig, verdüstert, ungesellig, hegt Selbstmordabsichten... Nach Ablauf einiger Zeit ist vollständige Heilung eingetreten, die Enteritis ist völlig verschwunden, der Gemütszustand ist vortrefflich. Da diese Heilung fünf Jahre zurückliegt, ohne daß sich der geringste Rückfall gezeigt hätte, darf man sie als vollständig ansehen... Er bekam auch mit jedem Tage ein größeres Selbstbewußtsein. Er war in einer Strumpfwirkerei beschäftigt und ein ausgezeichneter Arbeiter; um mehr zu verdienen, suchte er es zu erreichen, daß ihm ein Fabrikant einen Webstuhl überließ, damit er als Heimarbeiter tätig sein könne. Als ihn bald darauf ein solcher Fabrikant bei der Arbeit beobachtet hatte, vertraute er ihm die ersehnte Maschine an. Durch seine Geschicklichkeit wußte Herr G. den Arbeitsertrag der Maschine weit über das gewöhnliche Maß zu steigern. Daraufhin vertraute ihm der hochbefriedigte Industrielle weitere Maschinen an, so daß Herr G., der ohne seine Zuflucht zur Suggestion Arbeiter geblieben wäre, heute sechs Webstühle unter sich hat und sehr viel verdient.

Frau E. P. aus Nancy hatte seit drei Jahren an den Händen Ekzeme, die kein Heilverfahren bessern konnte. Heilung nach ein paar Suggestionssitzungen.

Herr B., zu Nancy, klagt seit 25 Jahren über ein Stirnhöhlenleiden, ist elfmal operiert worden, ohne daß dadurch die Heilung herbeigeführt worden wäre. Körperzustand elend, seelischer Zustand noch schlimmer. Kann nicht mehr als zehn Minuten täglich lesen, ist nach der geringsten Bewegung ermüdet, leidet an Schlaflosigkeit, an heftigem fast ununterbrochenem Kopfschmerz, an einer Traurigkeit, von der ihn nichts befreien kann. Die ersten vier Sitzungen scheinen keinen merklichen Erfolg herbeizuführen; aber bei der folgenden Sitzung ist die Besserung deutlich wahrzunehmen... Nach drei Monaten äußert der Kranke zu Coué: «Gestern habe ich einen Tag verbracht, wie schon seit Jahren nicht...» Er war geheilt. Sein Zustand hat sich in der Folge nur immer mehr befestigt.

Frau N. aus Nancy, 80 Jahre alt. Seit drei Jahren ist sie von allgemeinen Schmerzen befallen, so daß sie nur an zwei Stöcken gehen kann. Gleich nach der ersten Sitzung geht sie ohne Stöcke fort und bedarf ihrer nie wieder.

Herr Ludwig Schmidt, 44 Jahre alt, aus Jézainville, zieht sich einmal eine Verdauungsstörung zu, in deren Gefolge eine fast vollständige Lähmung der Arme und Beine auftritt... Bald darauf wendet er sich an Coué. Er schleppt sich mühselig; seine Beine sind «wie Watte». Nach der ersten Sitzung kann er gehen, sogar schnell laufen. Rückfall nach einigen Monaten; erneute Suggestion, die alles wieder ins Gleichgewicht bringt.

Ein Kriegsinvalide kann trotz mechanotherapeutischer Behandlung das rechte Bein nur so steif wie eine Prothese bewegen. Heilung nach der ersten Sitzung.

Im folgenden führe ich einige weitere Äußerungen von Ärzten zur Suggestion an:

Dr. Delius: «Da die meisten Menschen bei Krankheiten zu hypochondrischen Autosuggestionen neigen und nicht in der Lage sind, sich am eigenen Zopf aus dem Sumpf zu ziehen, muß eben die Autosuggestion gegenüber dieser pessimistischen Selbstbeeinflussung optimistische Werte setzen.»

Dr. med. Haase: «Vielfach beobachtet der Arzt, daß schon die hoffnungsvollen Erwartungen, die ein Kranker an die ärztlichen Maßnahmen knüpft, heilen, auch wenn sie gar nicht zum Zwecke der Heilung, sondern nur zur Klärung der Diagnose vorgenommen worden sind. So schreibt mancher Patient seine Heilung von der diagnostischen Röntgendurchleuchtung her usw.»

Und an anderer Stelle: «Wenn man gewisse Veränderungen erwartet, sind sie schon auf dem Wege der Verwirklichung. Zielstrebig arbeitet das Unterbewußte an ihrer Realisierung. Wir wissen, daß viele, namentlich periodisch auftretende Krankheitssymptome darauf beruhen, daß der Kranke die Wiederkehr erwartet, unbewußt vorbereitet und durchführt.»

Auch andere Autoren berichten ebenso durchgreifende Wirkungen, wie Prof. Baudouin, durch seelische Beeinflussung.

Prof. Dr. med. H. Schultz: «Der Arzt untersucht, stellt fest, daß es sich um einen körperlich gesunden Menschen handelt, bezeichnet aber, wenn der Kranke ihn nach der Natur seines Leidens fragt, dieses unzweckmäßigerweise als ‹Herzneurose›. Damit ist die Suggestion gegeben. Der Kranke hat nun von autoritativer Seite erfahren, was er schon lange selbst befürchtete, daß etwas mit seinem Herzen nicht in Ordnung sei. Er ist durch Suggestion herzkrank ... und liegt Tag und Nacht auf der Lauer vor einem Herzschlage ...»

Dr. med. Keller-Hoerschelmann schreibt in «Wunder der Gedankenheilung»:

«Ich hatte in meiner Studienzeit das Vergnügen, als Zimmernachbar einen Herrn zu haben, der Klavier spielte. In der ersten Zeit regte mich das fürchterlich auf, denn ausgerechnet, wenn ich meine Aufgaben erledigen wollte, fing mein Nachbar mit dem Klavierspielen an, so daß ich schon aus meiner Bude ausziehen wollte. Da blitzte mir aber der Gedanke auf, mein Zimmernachbar werde vielleicht das Klavierspielen ganz anders genießen als ich; es sei eigentlich gescheiter, wenn ich mich darüber freue, und von da an versuchte ich, mich freundlich einzustellen, und siehe, trotz des Klavierspielens konnte ich die schwierigsten Probleme lösen. Mir war mit einem Schlage geholfen.»

Dr. med. E. Liek schreibt in «Das Wunder in der Heilkunde»:

«Ein bekannter Chirurg operierte eine Frau, die seit zehn Jahren an heftigen Magenbeschwerden leidet. Der Leib wird geöffnet und nichts gefunden. Zum Zweck mikroskopischer Untersuchung wird jetzt ein kleines ovales Stück der

vorderen Magenwand entfernt. Erfolg: die Patientin ist und bleibt beschwerdefrei. Der Chirurg macht die gleiche Operation bei weiteren 21 Kranken.»
Dr. Liek fährt fort: «Man könnte ein ganzes Buch schreiben über diese Art von ‹Heilungen›. Ich weise nur auf folgende Krankheitsbilder hin: chronische Eierstockentzündung, Gebärmutterknickung, Wanderniere, Magen- und Darmsenkung, beweglicher Blinddarm, chronische Blinddarmentzündung, chronische Verstopfung usw. Alle diese Abweichungen wurden Jahre hindurch chirurgisch angegangen. Man wußte nichts von einer seelischen Kausalität und machte im besten Glauben überflüssige Eingriffe.»

Noch einige Schilderungen von demselben bekannten Arzt:

«Ein Chirurg ging den Fällen nach, bei denen er den Wurmfortsatz wegen dauernder Beschwerden entfernt hatte. 18 Kranke, bei denen die Untersuchung des entfernten Wurmfortsatzes weder makroskopisch noch mikroskopisch die geringsten Veränderungen ergeben hatte, schrieben dankerfüllte Briefe. Sie seien wie von neuem geboren.»

«Ein bekannter Chirurg empfiehlt zur Behandlung des Singultus (des Schlukkers) die Resektion des runden Aufhängebandes der Leber. Ich halte das Rezept meiner Großmutter – neun kleine Schlucke Wasser schnell hintereinander trinken – für sehr viel besser.»

«Wir wissen, daß Asthma häufig durch seelische Erregung hervorgerufen wird, seelische Einflüsse können daher auch heilend wirken.»

«Es darf nicht vergessen werden, daß die Warzen oft in ungeheurer Anzahl zu vielen Tausenden vorkommen. Die wissenschaftliche Behandlung ist eine mechanische: Ab- und Ausschneiden, Ätzen mit Höllenstein oder rauchender Salpetersäure, Vereisung, in den letzten Jahren auch Vernichtung durch Röntgen- oder Radiumstrahlen. Manches Eigentümliche war freilich längst den Ärzten aufgefallen, so die Spontanheilungen: Warzen können plötzlich über Nacht verschwinden. Zweitens: zerstört man eine einzige Warze und läßt die anderen in Ruhe, so verschwinden nicht selten auch diese gar nicht berührten Gebilde.»

«Ich halte es für sicher, daß die multiple Sklerose z. B. weitgehend seelischer Behandlung zugänglich ist.»

Prof. Dr. med. J. H. Schultz schreibt in «Seelische Krankenbehandlung»:

«Ist diese Beeinflussung ausreichend stark, um z. B. suggestiv die intensive Empfindung von Wärme oder Kälte zu erwecken, so realisiert (verwirklicht) sich das Erlebnis auch *körperlich*.»

Dr. med. Liek faßt seine eigenen Erfahrungen und die von anderen Lepraforschern gemachten wie folgt zusammen:

«Die oft sehr weitgehende Besserung bei Leprakranken (Aussätzigen) werden zum allergrößten Teile nicht durch die Heilmittel selbst, sondern durch die Suggestion, mit der die Behandlung mehr oder weniger verbunden ist, hervorgerufen.»
Er fährt weiter fort: «Ich könnte diese Beobachtungen beliebig vermehren, meine aber, das Gesagte genügt, um eins festzustellen: es gibt keine Betriebsstörung im lebenden Organismus, keine Krankheit, mögen wir sie funktionell oder organisch nennen, die nicht der seelischen Beeinflussung mehr oder weniger zugänglich

wäre. Das gilt, um ein ganz grobes Beispiel zu nennen, sogar vom Krebs. Immer wieder wird von zuverlässigen Beobachtern berichtet, daß Krebskranke mit ganz sicherer Diagnose (mikroskopische Untersuchung) nach Scheineingriffen... merkwürdige, oft jahrelang anhaltende Besserungen zeigten.»

Dr. med. Sanders: «Coué ist nicht der Mann der Theorie. Er hat seine Methode durch die Erfahrung in der Praxis geschaffen. Aus kleinsten Anfängen hat er sich dabei zu einem der führenden Therapeuten von Weltruf entwickelt.»

Und an anderer Stelle: «Die enormen Erfolge der Methode, die nicht wegzuleugnen sind, sind Grund genug dafür, sich mit Coué ernstlich auseinanderzusetzen.»

Zum Abschluß dieses Kapitels weise ich auf unsern hochverdienten und in weitesten Kreisen bestbekannten Arzt, Dr. med. Alfred Brauchle, hin. Dieses Kapitel wäre unvollkommen, wenn gerade diesem Arzt, welcher für meinen alten verehrten Meister Coué manche Lanze gebrochen hat, nicht ein ehrender Platz eingeräumt würde. Aus seinem sehr schätzenswerten und sehr zu empfehlenden Büchlein «Hypnose und Autosuggestion» (Reclam-Verlag) bringe ich folgende Fälle:

«Ende November 1925 wurde von einem Berliner Nervenarzt die 23jährige Patientin Th. in die Universitätsanstalt, an der ich damals Assistenzarzt war, gewiesen. Sie war linksseitig vollkommen gelähmt. Der linke Arm war mächtig geschwollen und um 5 Grad kälter als der rechte. Auf der linken Körperhälfte hatte sie weder für Berührung noch für Schmerz noch für Temperatur irgendeine Empfindung, so daß man, ohne vorher künstlich abzutöten, ein Stückchen aus ihrer Haut schmerzlos herausschneiden konnte... Im Bereiche der linken Körperhälfte befanden sich zum Teil offene Wunden, die eine sehr merkwürdige Entstehungsgeschichte hatten. Der Beginn der Krankheit lag so, daß die Patientin einen Schlag gegen die linke Brust erhalten hatte. An der geschlagenen Stelle entstand nach kurzer Zeit eine Wunde, indem die Haut hier zugrunde ging und abfiel. Merkwürdigerweise entstanden aber in der Umgebung der Mutterwunde ohne äußere Ursache immer neue, ja schließlich wurde die ganze linke Körperhälfte davon übersät. Es bestanden weiterhin Störungen des Riechens, Schmeckens und Sehens. Der Zustand war absolut hoffnungslos... Als ich die Patientin nach halbjährigem Kranksein in seelische Behandlung nahm, war sie innerhalb von zwei Tagen gesund...»

«Den zweiten Fall erlebte ich in einem süddeutschen Krankenhaus. Die 21jährige Patientin K. war seit zwei Jahren gelähmt, sie konnte sich im Bett nicht aufsetzen, den Kopf nicht heben, den rechten Arm nicht bewegen. Ein unstillbares Erbrechen zu Beginn der Erkrankung hatte den Verdacht erweckt, daß es sich um eine Gehirngeschwulst handeln müsse. Man öffnete operativ den Schädel, fand aber nichts. Die Lähmungserscheinungen bestanden nach der Operation wie vorher, und vollkommen aufgegeben fand ich nach zweijähriger Krankheitsdauer die Patientin vor. Durch eine zielbewußte seelische Behandlung gelang es auch hier, und zwar innerhalb von sieben Wochen, die volle körperliche Gesundheit wieder herzustellen. Seit Februar 1924 ist die geheilte Patientin mit Ausdauer und ohne Rückfall in schwerem körperlichem Dienst tätig.»

«Ich erinnere mich eines alten Herrn, der, als er zum ersten Male meine Vorträge besuchte, seit Monaten unaufhörlich an Kopfschmerzen litt. Es gelang ihm in wenigen Minuten, seine Kopfschmerzen zu beseitigen. In den vergangenen Jahren sind sie nicht wiedergekehrt. Oder ich denke an eine ältere Dame, die sich seit 4½ Jahren im Anschluß an einen Sturz von Kreuzschmerzen geplagt sah. Die Schmerzen verschwanden nach wenigen Minuten und kehrten nicht mehr zurück.»

«Coué erzählte mir bei Gelegenheit meines Aufenthaltes in Nancy, daß die chronischen Hautveränderungen häufig suggestiver Beeinflussung zugänglich würden. Die gleiche Erfahrung habe auch ich gemacht.»

«So habe ich, wie bereits erwähnt, Fälle von langjährigem Ausschlag nach kurzer Suggestionswirkung heilen sehen. Bei Fällen von Basedow hat sich die nervöse Besserung auch stets in einem Rückgang der Drüsenanschwellung geäußert.»

Um der guten Sache der Autosuggestion zu dienen, beschreibt Dr. Brauchle mit bemerkenswertem Freimut seinen eigenen Fall:

«Großmutter an Magenkrebs gestorben. Selbst mit 8 Jahren die ersten Verdauungsstörungen. Untersuchung beim Universitätsspezialisten (3 Ausheberungen) ergab offenbar keinen auffallend pathologischen Befund. Trotz Diät und Massage blieben die Störungen mehr oder weniger heftig dauernd bestehen. Neigung zur Verstopfung, Gefühl der Völle und Schwere nach dem Essen. Mit 10 Jahren im Anschluß an Durchnässung heftige Koliken mit deutlicher Vergrößerung und Verhärtung der Leber ohne Gelbsucht. Beschwerden bestanden weiter bis zum Alter von 18 Jahren, zum Eintritt ins Heer. Zunächst während der Ausbildung Besserung, aber im Felde schwerste Durchfälle bis zur absoluten Entkräftung (gleichzeitig Diphtherie). Nach Entlassung aus dem Heeresdienst trotz Sport immer wieder Beschwerden, hartnäckige Verstopfung. Im Alter von 25 Jahren die erste Gallensteinkolik; danach während der medizinischen Examenszeit sehr häufige Koliken. Fünf Monate nach dem ersten Anfall Operation: Herausnahme der Gallenblase (Blase enthielt 12 Steine) und Herausnahme des Wurmfortsatzes (Verwachsungen). Glatter Wundverlauf. Zunächst beschwerdefrei, einige Monate nach der Operation die ersten Beschwerden, die sich rasch verschlimmerten. Heftige, auf den kleinsten Diätfehler hin auftretende Durchfälle, häufig Schmerzen im Leib, Druck und Schwere in der Lebergegend nach dem Essen, viel stärker und unangenehmer als vor der Operation, ziehende kolikartige Schmerzen nach dem rechten Schulterblatt, Neigung zum Erbrechen. Ein Jahr nach der Operation Zustand schlechter als jemals. Hochgradige Empfindlichkeit für Diätfehler, sehr häufig stärkste Durchfälle mit Erbrechen, Arzneimittel ohne Erfolg. Vollkommen ratlos. Lektüre von Coués «Selbstbemeisterung durch bewußte Autosuggestion». Anwendung der Suggestionsformeln bringt einen raschen, ans Wunderbare grenzenden Erfolg. Seit 5½ Jahren von allen Beschwerden und Unregelmäßigkeiten der Verdauung, von aller Empfindlichkeit für Speisen absolut und ohne Rückfall geheilt.»

Alle in diesem Kapitel zusammengetragenen Fälle geben ein beredtes Zeugnis ab für die Macht der Gedanken. Mir liegt lediglich daran, meine Leser aufzurütteln, damit sie sich der wunderbaren Macht, die ihnen zu eigen ist, bewußt werden. Wir wissen nicht, wie weit die Möglichkeiten des Geistes reichen.

24. EMILE COUÉ

Emile Coué wurde am 26. Februar 1857 in Troyes geboren. Im Lyzeum von Troyes erwarb er sich zwei Bakkalaureate (akademische Grade), nämlich das der Wissenschaften und das der Literatur. Da ihm die Mittel für ein höheres Studium nicht zur Verfügung standen, besuchte er die Schule für Pharmazie in Paris, um Apotheker zu werden. Nach Ablegung der Abschlußprüfung verbrachte er zwei Jahre im Neckerkrankenhaus unter Dr. Grancher. Der Lebenskampf war für ihn nicht leicht. Um seinen Eltern nicht zur Last zu fallen, sah er sich gezwungen, vom frühen Morgen bis in die späte Nacht Unterrichtsstunden zu erteilen.

Im Jahre 1882 übernahm er in Troyes eine Apotheke und begann drei Jahre später, sich mit dem Studium der Psychologie zu befassen. Seine Gattin, L. Coué, die ihm bei seinem Werke in unermüdlicher Mitarbeit zur Seite stand, deren Biographie[1] über ihren Gatten vorstehende Angaben entnommen sind, schreibt dazu: «Nachdem er sich mit Interesse den Arbeiten des Dr. Liébeault zugewendet und die Literatur studiert hatte, die über diesen Gegenstand in Frankreich und Amerika erschienen war, begann er, seine Kenntnisse praktisch anzuwenden...»

Coué bediente sich anfänglich der Hypnose nach dem Vorbild von Dr. Liébeault (Alte Schule Nancy), bis er erkannte, daß jede Art von Suggestion, wenn sie wirksam werden soll, sich unbedingt in Autosuggestion verwandelt haben muß. Es gelang ihm, durch Aufdeckung der inneren Vorgänge Gesetze zu formulieren, welche die Autosuggestion leicht lehrbar machten und so erst die ungeheure Verbreitung der segensreichen Lehre ermöglichten.

Die grundsätzlich neuen Wege, die Coué einschlug, führten zu einer Spaltung der Alten Schule zu Nancy.

[1] Veröffentlicht in der Zeitung «Coués Weg zur Gesundheit», Juli 1933.

Dr. med. Brauchle schreibt: «Seit 1910 spricht man von einer Neuen Schule von Nancy, als deren Begründer wir Coué bezeichnen müssen. ... Neben ihren Begründern zählt man zur Neuen Schule von Nancy die Gesamtheit der Ärzte, Psychologen, Erzieher, die aus der unmittelbaren Nachfolge Coués hervorgegangen sind.»

Seit 1912 begann er regelmäßig Vorträge über seine Methode zu halten. Die ungeahnten und unbegreiflich großen Erfolge ließen die Welt aufhorchen, und so kam es, daß Coué nicht nur in Frankreich, sondern auch in den wichtigsten Städten Englands, der Schweiz, Belgiens, Italiens, Portugals und der Vereinigten Staaten von Nordamerika Vorträge hielt. Er sprach auch in Deutschland und Österreich, und zwar in Frankfurt, Stuttgart und Wien.

Zu bemerken ist, daß die Erträgnisse dieser Vorträge ganz allgemein zur Hälfte irgendeinem wohltätigen Zweck der Stadt zuflossen, in der er sprach, die andere Hälfte kam dem Coué-Institut zugute.

In seinen Mußestunden betrieb er Botanik, Geologie, Muschelkunde und hatte in Verbindung damit verschiedene Sammlungen angelegt, er widmete sich der Photographie und beschäftigte sich gern mit Treibarbeiten. Seit 1919 fand er für seine Liebhabereien keine Zeit mehr, da seine Lehrtätigkeit ihn voll und ganz in Anspruch nahm. Er wurde von Besuchern aus aller Herren Ländern überlaufen. So erzählte er mir 1926 bei meiner Anwesenheit in Nancy auf einem Rundgang durch seinen Garten, daß er noch vor zwei Jahren die große Gemüseabteilung eigenhändig mit Erfolg bewirtschaftet habe, jetzt aber leider nicht mehr dazu komme. Am 21. Mai 1926 hielt er in Straßburg seinen letzten auswärtigen Vortrag. Am 2. Juli 1926 schloß er, fast 70jährig, für immer die Augen.

Mir scheint, man wird erst später voll zu würdigen wissen, was Coué geleistet hat. Wie so oft, braucht die Wahrheit allerhand Zeit, ehe sie sich durchsetzt, da die Menschen von Natur aus schwerfälliger Art sind. Alles Neue wird vorerst einmal bekämpft. Ganz besonders, wenn es unbequem ist. Man sprach von dem Wunderapostel in Nancy, und zwar sehr zu unrecht. Wer Coué kannte, wird in diesem nüchternen, scharfen Beobachter und Forscher niemals einen Wunderapostel erblickt haben. Er lehnte jedes Wunder ab und suchte alles gesetzmäßig zu erklären. Ihm ist es zu danken, daß heute die Autosuggestion lehrbar ist. Vor ihm gab es wohl Menschen, die sich der kostbaren Kraft der Autosuggestion zu bedienen wußten, aber es war ihnen unmöglich, diese Fähigkeit der Allgemeinheit zugänglich zu machen. Dadurch, daß Coué entdeckte, daß die führende Kraft in uns nicht der Wille, sondern die Einbildungskraft ist, sind heute Tausende und aber Tausende in der glücklichen Lage, sich der *bewußten Autosuggestion* zu bedienen.

Als ich studienhalber nach Nancy reiste, hatte ich Gelegenheit, unsern verehrten Meister Coué wochenlang täglich bei der Arbeit zu sehen. Ich muß wohl sagen, daß seine Persönlichkeit auf mich tiefen Eindruck gemacht hat. Stets hilfsbereit und voller Humor, verstand er es, Verzweifelten und Hoffnungslosen beizustehen und sie der Gesundung wieder zuzuführen. Er war ein glänzender Beobachter und Menschenkenner. Ihn lockte weder Ruhm noch Geld, *sein Ziel war Helfen und Forschen*. Solche Menschen sind leider überaus selten in dieser Welt zu finden. Es ist zu bewundern, was Coué in seinem Leben geleistet hat, und ich glaube, daß seine selbstlose Aufopferung der Grund seines in bezug auf seine Rüstigkeit zu frühen Hinscheidens war. Um so mehr gerate ich in einen gewissen Zorn, wenn, wie mir das wiederholt passiert ist, in meinen Vorträgen die Frage gestellt wird, warum er «so früh» gestorben sei. Ja, manche gehen sogar so weit, die Geschmacklosigkeit zu begehen und zu sagen: «Warum hat er sich denn nicht suggeriert: ich sterbe nicht, ich sterbe nicht». Coué hat niemals behauptet, den Tod ausschalten zu können. Ich erwähne dies nur, weil ich weiß, daß manche Menschen ähnlich denken und ich überzeugt bin, daß solche Denkweise nur aus Gedankenlosigkeit oder Übelwollen entstehen kann. Noch nie bin ich gefragt worden, wie es möglich war, daß Coué bei solchen Leistungen 70 Jahre alt geworden ist. Ich bitte meine Leser, mir zu verzeihen, daß ich auf diesen Punkt eingegangen bin, aber man muß auch der Torheit und der Bosheit die Spitze bieten.

Ich habe noch deutlich das Bild vor Augen, wie Meister Coué dozierend auf seinem Platze saß und sich ab und zu eine Zigarette drehte. Er pflegte auch während seiner Zirkel auf die geliebte Zigarette nicht zu verzichten. Es war drollig, zu sehen, wie er versuchte, mittels eines Feuerzeuges, welches oft den Dienst versagte, seine Zigarette in Brand zu setzen. Nach wiederholten vergeblichen Versuchen gelang es schließlich, aber im Eifer der Rede vergaß er wiederum die Zigarette, sie ging aus, und das Spiel wiederholte sich.

Er erzählte mit Vorliebe von einem sehr starken Herrn, der in Australien lebte. Er wog 170 Kilo. Alle Bemühungen, sein Gewicht herabzusetzen, schlugen fehl, so daß er darüber in heller Verzweiflung war. Da geriet ihm zufällig die kleine Broschüre von Coué «Selbstbemeisterung durch bewußte Autosuggestion» in die Hände, und siehe da, in drei Monaten nahm er 40 Kilo ab. Er hatte nun den Wunsch, Coué persönlich kennenzulernen, packte die alten Kleidungsstücke ein, die er nicht mehr tragen konnte, weil sie ihm zu weit geworden waren, damit er einen sichtbaren Beweis erbringen konnte, und machte sich auf die Reise zu Coué.

Diesen Fall erwähnte Coué deshalb so gern, weil damit der Beweis erbracht wurde, daß die Kraft nicht von ihm ausging, sondern im Patienten selbst liegt. Hierauf legte Coué besonders großen Wert. Ich kann dies nur bestätigen, da ich die gleichen Erfolge auch in meinen Zirkeln beobachten kann, und das ist für die Zukunft von größter Tragweite. Es geht hieraus hervor, daß die Wirkung dieser Methode durchaus nicht auf eine Kraft des Lehrers zurückzuführen ist, sondern auf eine im Schüler selbst liegende Kraft.

Hochinteressant war der internationale Besuch der Zirkel in Nancy. Man hörte dort alle möglichen Sprachen, und man fand Menschen aus den vornehmsten Kreisen neben den schlichtesten Erdenbürgern. Coué machte nicht den geringsten Unterschied; ob er einen englischen Lord oder eine Waschfrau vor sich hatte, war ihm völlig gleich. Für ihn gab es nur Menschen, die da leiden, und im Leide sind wir alle gleich. In seinen Zirkeln wurde der Zettel «Wie man bewußte Autosuggestion betreiben soll» in drei Sprachen verabfolgt, und zwar in französisch, englisch und deutsch. Hierzu möchte ich einen Fall schildern. Ein Holländer, der kein Wort französisch verstand und einen Zirkel des Kollegen von Coué besuchte, litt schon seit langer Zeit an einem sehr schmerzhaften Hexenschuß. Der Zirkel wurde in französischer Sprache gehalten. Plötzlich springt der Holländer erregt auf und ruft freudestrahlend auf holländisch: «Ich bin meine Schmerzen los, ich habe keinen Hexenschuß mehr.» Er bedankte sich aufs herzlichste, und es war originell zu sehen, wie die beiden Herren, der Kollege Coués und der Holländer, miteinander sprachen, und keiner verstand ein Wort von dem, was der andere sagte. Auf mich wirkte der Vorgang besonders belustigend, weil ich neben Französisch auch Holländisch gut verstand.

Coué besaß ein ganz eigenartiges, etwas maliziöses Lächeln, und dieses Lächeln hatte er für Freund und Feind. Ob es sich nun um Lobhudelei handelte oder um gehässige Angriffe, das war gleich. Er kannte die Menschen, ging unbeirrbar seinen Weg und hatte für alle sein liebenswürdiges, wissendes, etwas maliziöses Lächeln. Es fiel mir von vornherein auf, aber erst jetzt, wo ich in der gleichen Lage bin wie Coué, verstehe ich dieses Lächeln.

Eine reizende kleine Anekdote kam mir zu Ohren. Coué befand sich auf einer Vortragsreise durch die Schweiz und litt unter einer heftigen Erkältung. Folge davon war, daß sein Vortrag des öfteren durch Räuspern und Husten unterbrochen wurde. Wie gewöhnlich war der alte Meister nach dem Vortrag umlagert, und ein ihm zunächststehender Herr sprach ihn wegen seines Hustens an und gab ihm den Rat, doch einmal die Coué-Methode anzuwenden. Coué lächelte und sagte: «Stellen Sie sich bitte einmal vor, Sie hätten auf Ihrem Handrücken eine kleine Wunde und Sie würden den sich bildenden Schorf immer wieder herunterkratzen, so meine ich, würden Sie lange auf Heilung warten können. Sehen Sie, in der gleichen Lage befinde ich mich. Da ich gezwungenermaßen auf dieser Vortragsreise täglich ein bis zwei Vorträge halten muß, – wie kann da so schnell mein Kehlkopf genesen und mein Husten verschwinden.»

Ein andermal befand er sich in Holland und hielt einen Vortrag mittels Dolmetscher. Das Publikum war ungezogen und unterbrach seinen Vortrag mit einer lauten Lachsalve. Coué wartete lächelnd, bis die Ruhe wieder eingetreten war, und sagte dann: «Recht so, Lachen ist außerordentlich gesund, und wenn Sie jetzt fertig sind, werde ich in meinem Vortrag weiter fortfahren.» Er rettete damit die Situation und verließ als Sieger das Rednerpult.

Coué war im besten Sinne des Wortes «einzigartig». Er war einer von den wenigen Menschen, welche auf mich einen tiefen und nachhaltigen Eindruck machten. Seine unbestechliche Geradheit und Schlichtheit waren es, die Coué für mich zum Erleben werden ließen. Er hatte sehr wohl erkannt, daß der fanatische Freund unter Umständen gefährlicher werden kann als der erbittertste Feind. Nur sein Ziel hatte er vor Augen, und nichts konnte ihn davon abbringen; sein Ziel war: helfen und forschen.

Man kann sagen, «Coué ist tot», aber mit noch größerem Rechte kann man sagen: «Coué lebt!» Seine Idee durchdringt die Menschheit immer mehr und bringt Tausenden neues Leben – Loslösung vom Leid. Wie kann man da behaupten, daß Coué tot sei? Wahrheit setzt sich immer durch, und der Coué-Gedanke ist Wahrheit, jedoch ist die Wahrheit nicht immer bequem. Wir, die wir die Coué-Idee verbreiten, haben nur das eine Ziel, zu helfen und, wenn es uns vergönnt ist, weiterzubauen. Wir wollen nur Praktiker sein, die Theorie überlassen wir gern anderen.

Wenn man so wie ich Gelegenheit hat, täglich zu beobachten, wie unendlich vielen Menschen durch die einfachen Erkenntnisse Coués täglich Hilfe aus verzweifelter Lage gebracht wird, so kommt man zu der Überzeugung, daß dieses Wissen Allgemeingut werden müßte. Ein wenig Selbsterkenntnis, ein fester Glaube und ein harter Wille vermögen das anscheinend Unmögliche zu überwinden, vermögen Leid in Freude zu verwandeln. Die einfache Erkenntnis, die eigentlich uralt ist, nämlich, daß gute Gedanken gute Früchte, schlimme Gedanken leider aber schlimme Früchte zeitigen, muß schon in das Kind eingepflanzt werden. Was du säst, das wirst du ernten. Wer von uns aber will, daß es ihm schlecht gehe? Gewiß keiner. Also heißt es: gute Gedanken aussäen und pflegen. Mancher spottet über Coué und greift ihn an, ohne im Grunde eine Ahnung von Coué zu haben. Spott ist ja so bequem und billig. Wenn die Betreffenden ahnten, wie sehr sie sich blamieren, würden sie es vorziehen, zu schweigen.

Unvergeßlich wird mir der alte Meister bleiben, lebendig in seinen Bewegungen, voll Humor und Güte, für jeden ein gutes Wort. Er opferte sich in selbstlosester Weise für seine Mitmenschen, er brachte ungezählten Menschen Hilfe aus tiefster Not.

Zur Abrundung des Bildes von Meister Coué möchte ich noch einmal Herrn Dr. med. Brauchle zitieren:

«Wie Coué jeder magnetischen Heilbeeinflussung durch Händeauflegen oder Streichungen klar abweisend gegenüberstand, so hat er auch sonst jeden ‹Verdacht›, als verfüge er über ungewöhnliche persönliche Kräfte, stets hartnäckig zurückgewiesen und rücksichtslos zerstört.» – «Er wollte die Autosuggestion lehren, wie man eine fremde Sprache lehrt, eigentlich jenseits von aller Medizin. Ich habe ihn nie eine Diagnose stellen, eine Prognose aussprechen sehen, er sagte stereotyp: ‹Wenn es in der Möglichkeit Ihrer Natur liegt, werden Sie gesund.› Er war auch hierin eher zu nüchtern und zu skeptisch als das Gegenteil. – Er tat alles, um jeden Anschein von Nimbus, von Heiligkeit, Zauberhaftigkeit im Grunde zu zerstören.» – «Er ließ keine Gelegenheit aus, um zu zeigen, daß alles von der Einstellung und dem Glauben des Kranken selbst abhinge.» – «Allem Unklaren und Verworrenen abhold, war Coué bestrebt, im Sinne eines bescheidenen Lehrers die Menschheit zum Glauben an sich, zum Selbstvertrauen, zum Optimismus auch in der Krankheit zu erziehen.» – «Als ich ihn in seinen Nancyer Sitzungen aufsuchte, erwartete ich zum mindesten einen auf seine Erfolge stolzen Kurpfuscher zu sehen. Wie erstaunte ich aber, einen so unerhört bescheidenen, demütigen Menschen zu finden! Er machte ganz ausgesprochen den Eindruck eines Lehrers und nicht im mindesten den eines Behandlers. Selbst nur Apotheker, war er viel zu bescheidenklug, sich ein Urteil über Krankheiten anzumaßen. Die Krankheiten seiner Besucher interessierten ihn eigentlich gar nicht. Ich habe nie beobachtet, daß er sich mit irgendeinem Kranken auf einzelnes eingelassen hätte.»

Wie sehr auch der mehrfach zitierte Prof. Baudouin den Menschen Coué schätzte, zeigt das Vorwort zu seinem weitverbreiteten Buche «Suggestion und Autosuggestion», dessen Schluß lautet:

«Doch an der Schwelle dieser Arbeit ist es mir ein besonderes Bedürfnis, dem Begründer der Neuen Schule von Nancy meinen Gruß zu entbieten, dem geliebten Meister, dem diese Seiten ihren besten Inhalt verdanken und ohne den sie nicht vorhanden wären.»

«Als Nancy im Kriege bombardiert wurde», so schreibt Baudouin, «verzeichnete Coué seelenruhig seine Resultate. Es ist ein ergreifendes Beispiel eines Mannes, dem Äußerliches auch in der furchtbarsten Gestalt belanglos erscheint neben der inneren Welt seines Denkens.»

Sein Name ist nie und nimmer auszulöschen und seine Liebe wirkt über das Grab hinaus fort und fort. Da, wo er in seiner schlichten Lehre verstanden wird, bringt er Segen über Segen. Ist es nicht schön, daß wir uns den jubelnden Optimismus zu eigen machen können, welcher in seinem Satze verankert liegt: «Mit jedem Tage geht es mir in jeder Hinsicht immer besser und besser»?

25. ZUSAMMENFASSUNG

Begreife, daß Dein Wesen *geistiger* Art ist und daß der Geist den Stoff beherrscht.

Erkenne, daß Deine Gedanken eine Macht darstellen und einen entscheidenden Einfluß auf Dein Leben ausüben.

Lerne nach innen hören und laß Dich von dort aus führen. Räume Deinem Verstand *keine* führende Stellung ein. Er soll Dein Diener, aber nicht Dein Herr sein.

Erkenne, daß Dein *Glaube* schöpferische, gestaltende Kraft ist. Und wenn es Dir schlecht geht, dann glaube um so mehr an das Gute, um es zu gestalten.

Mache Dir klar, daß es gleichgültig ist, *wie* Dein Glaube erzeugt wird. Hauptsache: Du glaubst an das Gute.

Erinnere Dich, daß Suggestion dasselbe ist wie: Auswirkung Deines Glaubens.

Halte fest, daß der Gedanke, der Dich *erfüllt*, sich verwirklicht, wenn es menschenmöglich ist – im Guten, leider auch im Bösen.

Begreife, daß Deine Einbildungskraft oder Dein Glaube stets Deiner Willenskraft *überlegen* ist, wenn die beiden in Widerstreit geraten.

Hüte Dich vor *Willensanstrengungen*, solange Du einen Funken Furcht in Dir hast, denn Furcht ist Glaube an das Schlimme. Wille und Glaube müssen eins sein. Lerne denken: ich will und ich kann.

Bekämpfe die Furcht, sie ist Glaube an das Negative, Glaube jedoch schöpferische, gestaltende Kraft. Wer fürchtet, gestaltet das Schlimme.

Vergiß nicht, Dich auch mittels der Flüstertechnik mit guten Gedanken zu erfüllen.

Formuliere Deine Autosuggestionen kindlich-naiv – aber möglichst bildhaft, und laß Dich nicht stören, wenn sie unlogisch sind.

So wie die Mutter zum Kinde spricht, so voller Liebe, Güte und Überlegenheit, so sprich auch zu Dir.

Sei nicht ungeduldig; die Ungeduld erzeugt Willensanstrengung, und die Willensanstrengung verhindert den Erfolg. Gib Dich lieber einer stetigen freudigen Erwartung hin!

Erkenne, daß Deine *Ausdauer* entscheidend für Deinen Erfolg ist. Erziehe Dich autosuggestiv zur Ausdauer.

Vermeide jede zweifelnde Selbstbeobachtung und bringe dem Guten kein Mißtrauen entgegen.

Sprich nicht über Krankheiten.

Begreife den Wert der bedingten Suggestion «*wenn-dann*». Du kannst damit viel Gutes erreichen und manches Böse vermeiden.

Sei stärker als Dein Schicksal und behalte stets Deinen Humor.

Sei Dir, anderen und auch Kindern gegenüber immer positiv.

Verschone Kinderohren mit Krankheitsgesprächen, erzeuge keine Furchtgedanken in ihnen. Überzeuge schon das Kind, daß ihm schlimme Gedanken schlimme Früchte, gute Gedanken gute Früchte bringen müssen.

Glaube eisern an Deinen wirtschaftlichen Aufstieg und laß Dich hierbei von Deinem Inneren führen.

Erziehe Dich zur *Zufriedenheit* und zur *All-Liebe,* denn über diesen Weg werden Deine Autosuggestionen den besten Erfolg haben.

Lerne: in die Stille gehen, um Dich eins zu fühlen mit dem Allgeist.

Vergiß nicht, daß die Anwendung der Coué-Methode nicht den Arzt ersetzt, sondern ergänzt.

Vergiß nie, daß der Erfolg Deiner Suggestionen von Deinem Gefühl abhängt. Sage: Ich fühle, daß ich gesunde. Ich fühle, wie es in allen Dingen vorwärts geht usw.

Erkenne: Neue Gedanken schaffen neue Tatsachen!

Bleibe Deinem Glauben treu.

Beachte und befolge die Anweisungen Coués:

Wie man bewußte Autosuggestion betreiben soll!

Jeden Morgen beim Erwachen und jeden Abend, sobald man im Bett ist, schließe man die Augen, und ohne daß man sich bestrebt, seine Aufmerksamkeit bei dem festzuhalten, was man sagt, spreche man mit den Lippen, laut genug, um seine eigenen Worte hören zu können (das ist unerläßlich), und indem man es an einem mit 20 Knoten versehenen Faden abzählt, 20 mal den folgenden Satz: «Mit jedem Tage geht es mir in jeder Hinsicht immer besser und besser.» Da die Worte «in jeder Hinsicht» sich auf *alles* beziehen, ist es überflüssig, noch zu Sondersuggestionen zu greifen. Man führe diese Autosuggestion auf eine möglichst schlichte, kindliche, mechanische Art und Weise aus, also ohne jegliche Anstrengung. Mit einem Wort, man muß die Formel im Tonfall einer Litanei hersagen. Auf diese Weise kann sie ganz mechanisch ins Unterbewußte eindringen, und wenn sie einmal eingedrungen ist, so wirkt sie auch. Man befolge sein Leben lang diese Methode, die ebensosehr vorbeugend als heilend wirkt.

Sobald man ferner im Laufe des Tages oder der Nacht ein körperliches oder seelisches Leiden fühlt, versichere man sich selbst sofort, daß man ihm bewußt keinen Vorschub leisten wolle und daß man es zum Verschwinden bringen werde; alsdann suche man möglichste Einsamkeit auf, schließe die Augen, streiche sich über die Stirne, wenn es sich um ein seelisches Leid handelt, oder über den schmerzenden Teil, wenn es etwas Körperliches ist, und wiederhole so schnell als nur möglich mit den Lippen folgende Worte: «Es geht vorüber, es geht vorüber usw.», solange es nötig ist. Bei ein wenig Übung kann man den seelischen oder körperlichen Schmerz nach 20 bis 25 Sekunden zum Schwinden bringen. Man wiederhole dies, sooft es nötig erscheint. *Die Anwendung von Autosuggestion ist kein Ersatz für ärztliche Behandlung, aber sie ist für den Kranken wie für den Arzt eine wertvolle Hilfskraft.* Da meine Methode allgemeiner Natur ist und folglich in allen Fällen angewandt werden kann, habe ich keine Sonderratschläge zu geben, wie immer die Fälle auch liegen mögen. Das einzige, was man tun kann, ist, bei sorgfältiger Weiterbefolgung der vom Arzte vorgeschriebenen Kur gleichzeitig aufs genaueste nach den vorstehend angegebenen Anweisungen zu verfahren. Wenn man sie gut befolgt, d.h. wenn man jede Willensanstrengung vermeidet, wird man alles, was menschenmöglich ist, erreichen. Ich muß hinzufügen, daß ich oft nicht weiß, wo die Grenzen der Möglichkeit liegen.

Wie man Schlafsuggestion erteilt!
(in erster Linie für Kinder geeignet in bezug auf Erziehung und Krankheit)

Man nähere sich leise dem Schlafenden, damit man ihn nicht wecke, bleibe etwa im Abstande von einem Meter stehen und wiederhole

15–20 mal mit sehr leiser Stimme (murmelnd) den oder die Wünsche, die man bezüglich seiner Entwicklung oder Krankheit hegt. Auf alle Fälle ist es von Nutzen, wenn man den Satz: «Mit jedem Tage geht es *Dir* in jeder Hinsicht immer besser und besser» 20 mal anwendet, bevor man zu den Sonderwünschen übergeht. Täglich mit Ausdauer angewandt, ergibt dieses Vorgehen die besten Resultate.

26. ANHANG

DER ALS-OB-KNIFF IN DER COUÉ-METHODE[1]

Jeder Gedanke, der uns erfüllt, muß sich verwirklichen. Das ist die Grunderkenntnis der Lehre Coués. Unsern Gedanken (oder Vorstellungen) wohnt eine Kraft inne, die die Zustände und das Geschehen beeinflußt, an denen wir teilhaben. Je kraftvoller die Ursache, desto stärker die Wirkung. Je klarer wir also die Zielvorstellung ausprägen und je mehr diese unser Gedankenleben erfüllt, desto wahrnehmbarer und bedeutender muß die Verwirklichung sein; in desto kürzerer Zeit muß Wirklichkeit geworden sein, was vordem nur Vorstellung war. *Darum* wird gelehrt, man solle sich in eine Vorstellungswelt hineinleben, die so beschaffen ist, *als ob* das ersehnte Ziel *tatsächlicher Zustand* wäre. Denn ein solches Verhalten ist die höchste Steigerung dessen, daß uns ein Gedanke «erfüllt». Deshalb wird es ja auch bei der Anwendung jeglicher Suggestion gefordert. Einem, der dem Alkohol- oder Tabakmißbrauch verfallen ist, soll man in den Schlaf einreden: du *hast* kein Verlangen mehr danach ... es *bekommt* dir gar nicht mehr ... Und zu uns selbst sollen wir tagsüber des öfteren so sprechen: ich *bin* fröhlich ... ich *kann* meine Arbeit zufriedenstellend erledigen usw.

Über die Coué-Methode bekommt man oft Spott zu hören. Sehen wir auch gleich von vornherein über die vielen weg, die überhaupt nur um des Spottes willen dies ihr Wesen treiben, – es bleiben doch immer noch sehr viele übrig, deren Naserümpfen ernster zu nehmen ist, weil sie Gründe für ihre Ablehnung zu haben glauben. Gelingt es uns, diese Gründe zu entkräften, dann sind solche Menschen auch für das heilsame Coué-Denken gewonnen. Was zum Spott Anlaß gibt (bei denen,

---

[1] Die folgende, aus der Feder H. v. Hoyers stammende Gegenüberstellung Coué – Vaihinger gliedere ich meinem Buche an, da ich der Meinung bin, damit manchem skeptischen Leser das Coué-Denken näher zu bringen.   Fritz Lambert

die nicht gleich dahinterkommen), das ist eben jenes «so denken, *als ob* . . .» Sie reden von einem Hinwegtäuschen über die Tatsachen, wie diese nun einmal seien, und meinen, das könne schließlich zu nichts Gutem führen. Auch kommen sie sich lächerlich vor beim Coué-Denken. Aber so meinen und empfinden kann nur, wer völlig daran vorbeiblickt, daß *das Coué-Denken gerade in seinem Als-Ob-Charakter die Ursache seiner Wirksamkeit hat.* Nur eben dadurch, daß wir *andere* Vorstellungen hegen, als sie dem gegenwärtigen Zustande entsprechen, können wir vom Gedankenleben aus *umgestaltend* auf diesen Zustand einwirken. Und je entschiedener und vollkommener wir unsern Zielgedanken in unsre Gegenwart aufnehmen, je folgerichtiger wir unsre Vorstellungswelt auf ihn abstimmen, desto wuchtiger ist der umformende Druck, den wir auf diese Weise ausüben können. Dieses «Als-Ob» mag in einem Teil der Leserschaft gewisse Erinnerungen wachgerufen haben: Hat da nicht einer ein ganzes Buch über dieses Wort geschrieben? – Und manchem Leser wird längst die «Philosophie des Als-Ob» eingefallen sein, samt dem Namen ihres gelehrten Verfassers, Hans Vaihinger (Universitätsprofessor, geb. 1852). Dieser deutsche Gelehrte veröffentlichte sein Lebenswerk mit obigem Namen im Jahre 1911. Es verursachte in den weitesten Kreisen großes Aufsehen und übte in der Folgezeit auf alle Wissenschaften größten Einfluß aus. Darin wird nachgewiesen, daß der Mensch auf allen Gebieten, wo er seinen (ach, so bald auf dem letzten Loche pfeifenden) Verstand gebrauchen muß, recht oft zu «Fiktionen» seine Zuflucht nimmt. Mit diesem Fachwort bezeichnet Vaihinger alle diejenigen Begriffe, mit deren Hilfe man zwar weitestgehend denkt, obwohl man aber weiß, daß sie der Wirklichkeit bestimmt nicht entsprechen. Damit ist jedoch nicht etwa das mehr oder weniger ungeschulte Denken des Durchschnittsmenschen im Alltag gemeint – nein, beileibe nicht! Vaihinger zeigt vielmehr, daß solch sonderbares «fiktionales» Denken eine regelrechte Methode ist; sie spielt sowohl in allen Zweigen der Wissenschaft wie in der Weltanschauung eine außerordentliche Rolle und wird auch unmittelbar im praktischen Leben (mehr oder weniger bewußt) hier und da befolgt. In der Mathematik sogar – das ist ja doch die «reinste» Wissenschaft, diejenige, die die höchsten und strengsten Anforderungen an den Denker stellt! – verfährt man beim Rechnen oder beim Beweisen oft absichtlich so, daß man bewußt falsche Annahmen macht.

Man kommt dadurch bisweilen leichter und schneller zum richtigen Ergebnis bzw. zu der Zielwahrheit, ja in gewissen Fällen überhaupt *nur* auf diesem Wege der «methodischen Fiktion». Es handelt sich also bei dem Als-Ob-Verfahren wahrhaftig um etwas äußerst Bedeutsames – um eine Betrachtungsweise, die der Menschheit schon so manchen großen Fortschritt ermöglicht hat und ohne die wir auch in Zukunft nicht auskommen können.

Der einleitende Abschnitt des vorliegenden Aufsatzes zeigt schon, in aller Kürze, daß auch der Coué-Anhänger mit diesem sonderbaren Kniff arbeitet. Es wird deshalb wohl einen jeden zu fesseln vermögen, wenn wir die Sache noch etwas näher betrachten. Allerdings sind uns dafür sehr enge Grenzen gezogen, in mancherlei Hinsicht. Wir müssen uns mit einer recht einfachen Darstellung begnügen, die keinerlei besonderen Ansprüchen Rechnung tragen will noch kann.

Richten wir zuvor aber noch ein paar Worte an diejenigen zahlreichen Leser, denen (wie sie wenigstens selbst meinen) ihre verstandesmäßige Einstellung ein Hindernis ist, mit der Coué-Methode etwas anfangen zu können. Dem Verstand gegenüber müßte doch ein Denker von Fach und Format wie Prof. Hans Vaihinger auftreten dürfen! Nun, dieser würde ihnen sicherlich sehr deutlich sagen, daß sie an Überschätzung ihres Verstandes kranken; daß sie zunächst dessen Grenzen kennen und beachten lernen müssen, und daß es ihnen alsdann deutlich werden wird, wozu sie eigentlich ihren Verstand bekommen haben. Nach einer solchen Kur werden sie vor dem weitverbreiteten Mißbrauch des Verstandes bewahrt sein und dessen unberechtigten Herrschaftsanspruch in allen Dingen zurückweisen. Kurz und gut: Die sogenannten *Verstandesmenschen begehen einen Fehler*, den die Wissenschaft (auf die sie sich glauben berufen zu können) längst nicht mehr mitmacht! Wer vom Verstandesknecht zu einem Menschen werden möchte, der diese wertvolle Begabung wirklich kennt und beherrscht, braucht nur diesen Fehler verstehen und meiden zu lernen! – Wer glaubt, das Coué-Denken wegen seines Als-Ob-Verfahrens belächeln zu müssen und sich deshalb nicht ergeben zu dürfen, der wird seinen *Irrtum* erkennen müssen! –

Nun sollen uns einige Beispiele zeigen, «daß das Als-Ob, daß der Schein, daß das Bewußt-Falsche eine enorme Rolle in der Wissenschaft, in der Weltanschauung und im Leben spielt» (um es mit Worten Vaihingers selbst zu sagen).

Es ist allen aus der Schule bekannt, daß Nikolaus Kopernikus im Jahre 1543 entdeckte, daß die Erde im Verein mit einer Anzahl anderer Wandelsterne um die Sonne kreist; er begründete damit die neuere Astronomie. Bis dahin galt noch die Lehre des Altertums, daß sich die Sonne, ja das ganze All um die Erde drehe. Trotz dieser der Wirklichkeit widersprechenden Ansicht der alten Himmelskunde war man dennoch sehr wohl in der Lage, die Bahnen der Sterne vorauszuberechnen. Das konnte man nach Kopernikus zunächst auch nicht besser. – Eine echte Vaihingersche «methodische Fiktion» liegt hier allerdings nicht vor, denn die alten Astrologen wähnten ja, sie hielten die Wahrheit bei allen vier Zipfeln! Aber das Beispiel zeigt doch deutlich, wie unbedeutend es für praktische Zwecke sein kann, ob man das getreue Abbild der Wirklichkeit besitzt oder nicht. (Anwendung auf das Coué-Denken: Warum sollten wir uns über einen unerquicklichen Tatbestand ärgern, wenn es sich ohnedies mindestens ebensogut leben läßt? – zumal wir uns am Ende gar über den Tatbestand täuschen!)

Eine allgemein bekannte Sache ist auch das Netz von Längen- und Breitengraden, das wir uns zur Einteilung der Erdoberfläche darübergespannt vorstellen. Jedes Schulkind weiß, daß diese Linien in Wirklichkeit nirgends zu finden sind, versteht das Gradnetz aber doch als eine unentbehrliche Hilfsvorstellung, dank deren wir äußerst genaue Ortsbestimmungen vornehmen können, – eine Angelegenheit, die für die Bedürfnisse des täglichen Lebens ebenso wichtig ist wie für die Wissenschaft. Ohne diese Fiktion wäre z. B. keine Überseeschiffahrt möglich. – Da man sich dessen bewußt ist, daß es das Gradnetz in Wirklichkeit nicht gibt, handelt es sich hier um eine *echte Fiktion.*

Echte Fiktionen sind in der Mathematik schon die einfachsten Grundvorstellungen der Raumlehre, wie z. B. der Punkt, die Gerade, die Ebene. Aus der Zahlenlehre seien nur beigebracht die allgemein bekannten negativen Zahlen; ferner die sog. imaginäre Einheit (Wurzel aus minus eins) und die Bruchpotenzen. Die analytische Geometrie und die Infinitesimalrechnung liefern schlagende Beispiele für die große Bedeutung der methodischen Fiktion in der wissenschaftlichsten aller Wissenschaften. Wir müssen uns hier mit einer ebenso trockenen wie unvollständigen Aufzählung bescheiden.

Auch die Lebensgebiete des Rechts, der Ethik und der Religion sind nicht etwa frei von Fiktionen; ohne diese kommt man so gut wie nirgends aus.

Ein besonders schönes, lebensvolles Lehrbeispiel für die unendlich segensreiche Bedeutung echtester Fiktionen ist *das spielende Kind*.

Die Lehre Schillers vom Spieltrieb, als dem «Grundelement des künstlerischen Schaffens und Genießens» hat (wie Vaihinger in einer Lebensbeschreibung erzählt) bei seiner Philosophie des Als-Ob Pate gestanden. «Im Spieltrieb», so schreibt er dann weiter, «erkannte ich später das Als-Ob als den treibenden Kern des ästhetischen Tuns und Schauens.»

Man beobachte Kinder beim Spiel (bei den kleinsten ist's am lehrreichsten!), oder man denke an seine eigene Kindheit zurück! Es ist wohl durchaus nicht die so oft genannte Sorglosigkeit der Kindheit und der Jugendzeit, weswegen wir diesen Lebensabschnitt meist in bester Erinnerung haben. Wie ernsthafte Sorgen bewegen doch zuweilen auch ein treues Puppenmutterherz! Und wie schwer sind doch die vielerlei Schulsorgen zu tragen, so gering sie uns auch in späteren Jahren, mit den Sorgen des Erwachsenen verglichen, erscheinen mögen! Was jedoch den vergoldenden Sonnenschein über die Gefilde der Kindheit erstrahlen läßt, das ist das schier grenzen- und hemmungslose Walten der Einbildung im Spiel, die geradezu selbstverständliche Anwendung des Als-Ob-Verfahrens, die segensreiche Fiktion!

Auch die Gegenbeobachtung empfiehlt sich: Man prüfe einmal Kinder, die meist unzufrieden und mißgestimmt sind, daraufhin, ob sie recht zu spielen verstehen. Man wird finden, daß dies schwerlich beisammen ist.

Gerade das glückerfüllte spielende Kind ist dazu angetan, allen Mißmutigen und Unzufriedenen als Vorbild zu dienen, damit sie begreifen, worauf es ankommt: nämlich gerade auf den zuweilen wohl wunderlich anmutenden, aber auch ebenso wunderbar wirksamen *Als-Ob-Kniff der Coué-Methode!*

Herbert v. Hoyer

Zu diesen obigen Ausführungen, welche ich nur begrüßen kann, möchte ich lediglich bemerken, daß der Unterschied der Anwendung des Als-Ob bei Vaihinger und Coué in folgendem besteht: Vaihinger hat bei seinen Als-Ob-Fiktionen die unbedingte Unwahrheit völlig klar vor Augen. Niemals hat er auch nur im entferntesten an irgendeine *Verwirklichung* seiner Fiktionen gedacht; diese waren ihm lediglich Hilfsbegriffe.

Bei Coué liegt das ganz anders. Er benutzt den Als-Ob-Gedanken als geistiges Modell für die schöpferische Kraft unseres Glaubens und strebt bewußt die Verwirklichung an. Daß sein Weg zu großen Erfolgen geführt hat, ist allgemein bekannt und braucht nicht mehr bewiesen zu werden. Jedoch war die Gegenüberstellung der beiden Männer Coué und Vaihinger von Interesse, da man aus ihr klar ersieht, daß man nicht so einfach ein Als-Ob-Denken für lächerlich erklären darf.

Mein inniger Wunsch ist, daß es dem Leser gelingen möge, die bewußte Autosuggestion mit bestem Erfolg anzuwenden. Gibt es doch keine wirksamere Waffe im Lebenskampf. Unzählige Menschen haben sie schon mit Erfolg angewendet, also muß es auch dem Leser möglich sein. Glück auf den Weg!

Fritz Lambert

QUELLENNACHWEIS

Kap. 1: *Schleich, Carl L.:* Gedankenmacht und Hysterie. S. 62. Berlin, Rowohlt 1920.
Kap. 2: *Sanders, Hans Th.:* Die Autosuggestion und die Macht des Unterbewußten in uns. S. 109. Dresden, Reissner 1925.
von Hoyer, Herbert: Anregungen und Nachrichten. S. 2 .Verlag des Lambert-Coué-Instituts.
Kap. 3: *Schleich, Carl L.:* Gedankenmacht und Hysterie. S. 42. Berlin, Rowohlt 1920.
Kap. 4: *von Gulat-Wellenburg, Walter:* Das Wunder der Autosuggestion. S. 33. Kempten, Gesellschaft für Bildungs- und Lebensreform 1925.
Brauchle, Alfred: Hypnose und Autosuggestion. S. 20/21. Leipzig, Reclam 1936.
Schultz, Johannes H.: Hypnose und Suggestion. S. 58. Celle, Kampmann 1924.
Coué, Emile: Selbstbemeisterung durch bewußte Autosuggestion. S. 43/44. Basel, Schwabe 1961.
Schleich, Carl L.: Vom Schaltwerk der Gedanken. S. 256 u. 262. Berlin, S. Fischer 1923.
Kap. 6: *Baudouin, Charles:* Suggestion und Autosuggestion. S. 34. Dresden, Sibyllen-Verlag 1924.
Schultz, Johannes H.: Hypnose und Suggestion. S. 70. Celle, Kampmann 1924.
Kap. 7: *Baerwald, Richard:* Psychologie der Selbstverteidigung. S. 5. Leipzig, Hinrich 1927.
Liek, Erwin: Das Wunder in der Heilkunde. S. 178. München, Lehmann 1931.
Eichelberg: Deutsche Zeitschrift für Nervenheilkunde. 1921. Bd. 68/69, S. 352.
von Krafft-Ebing, Richard: Zitiert aus *Baerwald, Richard:* Psychologie der Selbstverteidigung. S. 26. (s. o.)
Schleich, Carl L.: Vom Schaltwerk der Gedanken. S. 259. Berlin, S. Fischer 1923.
Heyer, Gustav R.: Seelenführung. S. 117. Zürich, Orell Füssli 1929.
Brauchle, Alfred: Hypnose und Autosuggestion. S. 17 u. 27. Leipzig, Reclam 1936.
von Bergmann, Gustav: Seele und Körper in der inneren Medizin. S. 10. Frankfurt a. M., Werner & Winter 1922.
Luftig, Wilhelm: Fort mit Brille und Augenglas. S. 71. Berlin, Eichler 1928.
Heyer, Gustav R.: Der Organismus der Seele. S. 64. München/Berlin, Lehmann 1937.
Kap. 9: *Brauchle, Alfred:* Hypnose und Autosuggestion. S. 60. Leipzig, Reclam 1936.
Sanders, Hans Th.: Die Autosuggestion und die Macht des Unterbewußten in uns. S. 94. Dresden, Reissner 1925.
Kap. 11: *von Gulat-Wellenburg, Walter:* Das Wunder der Autosuggestion. S. 90. Kempten, Gesellschaft für Bildungs- und Lebensreform 1925.

Hauptmann, Alfred: Zentralblatt für die gesamte Neurologie und Psychiatrie. Bd. 41, S. 681; Bd. 42, S. 457.
Kap. 15: *Mohr, Fritz:* Psychophysische Behandlungsmethoden. S. 244. Leipzig, Hirzel 1925.
Kap. 17: *Liek, Erwin:* Das Wunder in der Heilkunde. S. 167. München, Lehmann 1931.
Kap. 19: *Baudouin, Charles:* Suggestion und Autosuggestion. S. 245. Dresden, Sibyllen-Verlag 1924.
Kap. 21: *von Feuchtersleben, Ernst:* Zur Diätetik der Seele. S. 150. Wien, Gerold 1848.
Kap. 23: *Brauchle, Alfred:* Hypnose und Autosuggestion. S. 28, 31, 34-36, 60-62. Leipzig, Reclam 1936.
Knauer: zitiert aus *Heyer, Gustav R.:* Der Organismus der Seele. S. 31. (s.o.)
Moos: zitiert aus *Heyer, Gustav R.:* Der Organismus der Seele. S. 32. (s.o.)
Schindler, R.: zitiert aus *Heyer, Gustav R.:* Das körperlich-seelische Zusammenwirken in den Lebensvorgängen. S. 49. (s.o.)
Baerwald, Richard: Psychologie der Selbstverteidigung. S. 20 u. 22, 199/200. Leipzig, Hinrich 1927.
Schultz, Johannes H.: Hypnose und Suggestion. S. 29, 31 u. 63. Celle, Kampmann 1924.
Heyer, Gustav R.: Das körperlich-seelische Zusammenwirken in den Lebensvorgängen. S. 30/31, 44. München, Bergmann 1925.
Heyer, Gustav R.: Der Organismus der Seele. S. 33, 35 u. 53. München/Berlin, Lehmann 1937.
Schultz, Johannes H.: Die seelische Krankenbehandlung. S. 72 u. 81. Jena, G. Fischer 1919.
Liek, Erwin: Das Wunder in der Heilkunde. S. 32, 33, 47, 98, 161, 163, 166, 178, 182/183. München, Lehmann 1931.
Heyer, Gustav R.: Seelenführung. S. 117. Zürich, Orell Füssli 1929.
Rohde, M.: Zeitschrift für die gesamte Neurologie und Psychiatrie. 1915. Bd. 11, Heft 5.
von Gulat-Wellenburg, Walter: Das Wunder der Autosuggestion. S. 19. Kempten, Gesellschaft für Bildungs- und Lebensreform 1925.
Durig: zitiert aus *Liek, Erwin:* Das Wunder in der Heilkunde. S. 142. (s.o.)
Troescher, Georg: Die Begutachtung der Arbeitsunfähigkeit in der Krankenversicherung. München, Lehmann 1930.
Mohr, Fritz: Die Beeinflussung endokriner Drüsen vom Gehirn aus. Med. Klin. 1923. Bd. 19, Nr. 40, S. 1325.
Alkan, Leopold: Anatomische Organkrankheiten aus seelischer Ursache. S. 65 u. 131. Stuttgart, Hippokrates 1930.
Liek, Erwin: Der Arzt und seine Sendung. S. 174/175. München, Lehmann 1926.
Schulhof, Fritz: Couéismus. Die Kunst der Selbstüberredung. Vorrede u. S. 15/16. Wien, Perles 1925.
Penzoldt: zitiert aus *Liek, Erwin:* Das Wunder in der Heilkunde. S. 181/182. (s.o.)
von Bergmann, Gustav: Seele und Körper in der inneren Medizin. S. 8. Frankfurt a. M., Werner u. Winter 1922.
Kant, Immanuel: zitiert aus *von Feuchtersleben, Ernst:* Zur Diätetik der Seele. S. 154. (s.o.)
Klages, Ludwig: zitiert aus *Haeberlin, Carl:* Die Bedeutung der leib-seelischen

Zusammenhänge für ärztliches Handeln. S. 5. Leipzig, Fischers med. Buchhandlung 1930.
Carus, Carl Gustav: zitiert aus *Haeberlin, Carl:* Die Bedeutung der leib-seelischen Zusammenhänge für ärztliches Handeln. (s. o.)
Hufeland, Christoph W.: zitiert aus *Kant, Immanuel:* Macht des Gemütes. Vorwort, S. 7/8.
Kant, Immanuel: Von der Macht des Gemütes, durch den bloßen Vorsatz seiner krankhaften Gefühle Meister zu sein. S. 33. Leipzig, Reclam. o. J.
Mohr, Fritz: Psychophysische Behandlungsmethoden. S. 374. Leipzig, Hirzel 1925.
von Feuchtersleben, Ernst: Zur Diätetik der Seele. S. 13 u. 150. Wien, Gerold 1848.
Baudouin, Charles: Suggestion und Autosuggestion. S. 245–251. Dresden, Sybillen-Verlag 1924.
Delius: Münchener Med. Wochenschrift. 1929. Bd. 76, S. 1720.
Haase, Werner: Therapie der Gegenwart.
Keller-Hoerschelmann, Adolf: Wunder der Gedankenheilung. S. 33. Olten, Hambrecht 1925.
Sanders, Hans Th.: Die Autosuggestion und die Macht des Unterbewußten in uns. S. 77/78. Dresden, Reissner 1925.
Kap. 24: *Brauchle, Alfred:* Hypnose und Autosuggestion. S. 13 u. 24 u. Münchener Med. Wochenschrift. 1928. Bd. 75, S. 484. (s. o.)
Baudouin, Charles: Suggestion und Autosuggestion. Vorwort u. S. 303. Dresden, Sibyllen-Verlag 1924.

Themenverwandte Bücher

Emil Coué
Die Selbstbemeisterung durch bewusste Autosuggestion
27. Auflage. 2020. 158 Seiten. Broschiert.
ISBN 978-3-7965-0635-2

Emil Coué
Was ich sage. Auszug aus meinen Vorträgen
11., unveränderte Auflage. 2016. 101 Seiten. Broschiert.
ISBN 978-3-7965-0609-3

Annie Berner-Hürbin
Eros – die subtile Energie
Studie zur anthropologischen Psychologie des zwischenmenschlichen Potentials
1989. 280 Seiten, 16 Abbildungen. Broschiert.
ISBN 978-3-7965-0881-3

Annie Berner-Hürbin
Hippokrates und die Heilenergie
Alte und neue Modelle für eine holistische Therapeutik
1997. 528 Seiten. 25 Abbildungen. Gebunden.
ISBN 978-3-7965-1038-0

Ruth Etienne Klemm
Die Kraft der inneren Bilder
Entstehung, Ausdruck und therapeutisches Potential
2003. 264 Seiten, 3 Abbildungen. Broschiert.
ISBN 978-3-7965-1953-6

Geshe Sherab Gyaltsen Rinpoche Amipa
Geistesschulung im tibetischen Buddhismus
Eine Einführung, vorbereitende Übungen und Meditationen
2004. 184 Seiten, 23 Abbildungen. Broschiert.
ISBN 978-3-7965-2070-9

Paracelsus
Septem Defensiones
Die Selbstverteidigung eines Aussenseiters
Übertragung und Einführung von Gunhild Pörksen
Mit einem Reprint der Ausgabe Basel 1589
2003. 124 Seiten. Broschur mit Klappen.
ISBN 978-3-7965-1988-8

Körper und Seele. Die Schriftenreihe der Schweizerischen
Gesellschaft für Bioenergetische Analyse und Therapie (SGBAT)

Band 1
Dagmar Hoffmann-Axthelm (Hrsg.)
Mit Leib und Seele – Wege der Körperpsychotherapie
2., erweiterte Auflage. 2004. 243 Seiten. Broschiert.
ISBN 978-3-7965-2076-1

Band 2
Dagmar Hoffmann-Axthelm (Hrsg.)
Der Körper in der Psychotherapie
2., unveränderte Auflage. 1996. 212 Seiten. Broschiert.
ISBN 978-3-7965-1017-5

Band 3
Dagmar Hoffmann-Axthelm (Hrsg.)
Verführung in Kindheit und Psychotherapie
2., unveränderte Auflage. 1996. 172 Seiten. Broschiert.
ISBN 978-3-7965-1018-2

Band 4
Dagmar Hoffmann-Axthelm (Hrsg.)
Schock und Berührung
2., unveränderte Auflage. 1996. 220 Seiten. Broschiert.
ISBN 978-3-7965-1019-9

Band 5
Thomas P. Ehrensperger (Hrsg.)
Zwischen Himmel und Erde. Beiträge zum Grounding-Konzept
1996. 224 Seiten. Broschiert.
ISBN 978-3-7965-1020-5

Band 6
Thomas P. Ehrensperger (Hrsg.)
Bioenergetik im Spannungsfeld der Geschlechter
Liebe, Erotik, Sexualität in der Körperpsychotherapie
2000. 220 Seiten. Broschiert.
ISBN 978-3-7965-1060-1

Margit Koemeda-Lutz (Hrsg.)
Körperpsychotherapie- Bioenergetische Konzepte im Wandel
Sonderband zur Reihe «Körper und Seele» der SGBAT
2002. 344 Seiten. Broschiert.
ISBN 978-3-7965-1807-2

Schwabe Verlag

Das Signet des Schwabe Verlags
ist die Druckermarke der 1488 in
Basel gegründeten Offizin Petri,
des Ursprungs des heutigen Verlags-
hauses. Das Signet verweist auf
die Anfänge des Buchdrucks und
stammt aus dem Umkreis von
Hans Holbein. Es illustriert die
Bibelstelle Jeremia 23,29:
«Ist mein Wort nicht wie Feuer,
spricht der Herr, und wie ein
Hammer, der Felsen zerschmeisst?»